T0270193

CÓMO REDUCIR TU HUELLA DE CARBONO

Amat
editorial

Amat Editorial, sello editorial especializado en la publicación de temas que ayudan a que tu vida sea cada día mejor. Con más de 400 títulos en catálogo, ofrece respuestas y soluciones en las temáticas:

- Educación y familia.
- Alimentación y nutrición.
- Salud y bienestar.
- Desarrollo y superación personal.
- Amor y pareja.
- Deporte, fitness y tiempo libre.
- Mente, cuerpo y espíritu.

E-books:
Todos los títulos disponibles en formato digital están en todas las plataformas del mundo de distribución de e-books.

Manténgase informado:
Únase al grupo de personas interesadas en recibir, de forma totalmente gratuita, información periódica, newsletters de nuestras publicaciones y novedades a través del QR:

Dónde seguirnos:

 | @amateditorial

 | Amat Editorial

Nuestro servicio de atención al cliente:
Teléfono: **+34 934 109 793**

E-mail: **info@profiteditorial.com**

ELLEN TOUT

CÓMO REDUCIR TU HUELLA DE CARBONO

La edición original de esta obra ha sido publicada en lengua inglesa por
Watkins con el título *How to reduce your carbon footprint*, de Ellen Tout.

© Ellen Tout, 2022
© Profit Editorial I., S.L., 2022
   Amat Editorial es un sello de Profit Editorial I., S.L.
   Travessera de Gràcia, 18-20, 6º 2ª. 08021 Barcelona

Diseño de cubierta y maquetación: XicArt

ISBN: 978-84-19341-49-5
Depósito legal: B 19517-2022
Primera edición: Noviembre de 2022

Impresión: Gráficas Rey
Impreso en España - *Printed in Spain*

SIMBOLOGÍA DE
ESTE LIBRO

👍 Cambio de comportamiento

💲 Decisión de compra

🕐 Amortización a largo plazo

⏳ Amortización a corto plazo

🔨 Bricolaje

⛑ Se necesita un especialista

🧱 Cambio importante

CONTENIDO

AGRADECIMIENTOS

Gracias a Ella Chappell, mi maravillosa editora de Watkins Books, en primer lugar por arriesgarse con mi primer libro, y en segundo lugar, por darme la oportunidad de trabajar en este libro. Y gracias al equipo de Watkins.

Mi agradecimiento también a Joanna Yarrow, que escribió e investigó la primera edición de este libro. Muchas cosas han cambiado desde su publicación en 2008, por lo que también debo dar las gracias a las numerosas organizaciones cuya investigación y conocimientos vitales han contribuido a fundamentar los consejos y las estadísticas de estas páginas.

Gracias a mi compañera Nadia, a la que estoy muy orgullosa de conocer, y que siempre me apoya, me ayuda a afinar mis textos y sabe dónde comprar el mejor vino vegano después de un día de escritura. Y gracias, por supuesto, a mi perra Bella, que me hace compañía mientras trabajo.

También me gustaría dar las gracias a todos los que han apoyado mi primer libro, *The Complete Book of Vegan Compleating*.

Ha sido muy bonito conocer a gente, escuchar los consejos que me han dado y ver a más gente que opta por una vida alternativa.

Un enorme agradecimiento también para ti, por leer este libro y por tomar medidas para marcar la diferencia hacia un mundo mejor, y para cada una de las increíbles personas que están haciendo lo mismo.

INTRODUCCIÓN

Hace tiempo que oímos hablar de la huella de carbono: en la prensa, en la escuela y en boca de los científicos. El concepto no es nuevo, pero hasta los últimos años, la huella de carbono no parecía tan tangible. La pandemia del Covid-19 y los cierres posteriores, los eventos de la Conferencia del Cambio Climático, las protestas de la Extinction Rebellion y los informes del Grupo Intergubernamental de Expertos sobre el Cambio Climático (IPCC), por nombrar solo algunos ejemplos, han demostrado que la crisis climática es un factor muy real en nuestra vida cotidiana.

Esta introducción, y todo el libro, podría limitarse a una serie de estadísticas, citas y escenarios aterradores. Pero no creo que eso sirva de nada. Si estás leyendo este libro, lo más probable es que ya seas, al menos en cierto modo, consciente de los retos a los que se enfrentan nuestro planeta, la sociedad y la naturaleza. Precisamente por ello, este libro pretende darte herramientas para que introduzcas cambios en tu vida, todas ellas basadas en la evidencia; algunos de estos cambios son pequeños ajustes en tu rutina diaria, otros tienen que ver con el bricolaje y la jardinería, y los hay aún más ambiciosos.

Durante los últimos cinco años me he dedicado a escribir sobre sostenibilidad como periodista y como autora. Empecé publicando una sola página en una revista, pero cuanto más escribía, más interés notaba en el lector. Además, escribir sobre sostenibilidad y medio ambiente me hacía sentir más fuerte al poner mi grano de arena en la lucha contra el cambio climático. También me permitió descubrir la gran cantidad de personas increíbles que están haciendo algo al respecto: desde entrevistar al fundador de mi tienda local de cero residuos hasta conversar en mercados veganos sobre la cocina sin residuos; desde recibir correos electrónicos de lectores deseosos de hacer cambios hasta contactar con grupos organizados que limpian playas, convocan concentraciones y salvan espacios verdes. El hecho de que casi todos los ámbitos de la actividad humana contribuyan a nuestra huella de carbono puede parecer un problema abrumador. Pero esto significa que hay margen para reducir nuestra huella en todos los aspectos de nuestra vida. Cada pequeño paso positivo que damos marca la diferencia: tiene un efecto dominó, inspira a más personas, provoca pequeños ajustes y al final se convierte en un cambio real. Cuando muchos de los dirigentes que están en el poder nos fallan, nosotros también podemos ser proactivos en nuestras acciones, podemos votar en un sentido u otro enviando un mensaje a las empresas, marcas y gobiernos de que exigimos un mundo mejor.

Este libro está repleto de cambios que puedes poner en práctica. Son sugerencias y consejos, y puedes introducirlos en tu vida a tu ritmo: uno al día, uno a la semana, uno al mes... Marca tu propio ritmo, pero no lo vivas como una carga: hazlo de manera divertida, sé creativo y no intentes hacerlo todo el primer día. Recuerda la frase de la cocinera de cero residuos Anne-Marie Bonneau: «No necesitamos un puñado de personas que hagan cero desperdicios perfectamente. Necesitamos que millones de personas lo hagan de forma imperfecta».

¿QUÉ ES REALMENTE LA HUELLA DE CARBONO?

Puede que la expresión «huella de carbono» no sea un concepto nuevo para ti, pero no siempre es fácil saber por dónde empezar cuando se trata de medirla o reducirla. La huella de carbono es la cantidad de dióxido de carbono (CO_2) emitida como resultado directo o indirecto de una actividad. Casi todo lo que hacemos produce emisiones de carbono: desde respirar hasta viajar, calentar nuestras casas o comprar alimentos.

El impacto de la vida humana y de otras formas de vida en el medio ambiente mediante la emisión de dióxido de carbono es un patrón tan antiguo como puede serlo el desgaste de las montañas; la vida misma siempre ha dependido del ciclo del carbono del planeta. Toda la materia orgánica contiene carbono, y este se libera y reabsorbe en un flujo continuo. Lo que es nuevo es la escala del impacto que los humanos están provocando, y el desequilibrio que está causando en la biosfera.

EL PODER ESTÁ EN TUS MANOS... Y EN LAS SUYAS

En todo el mundo, miles de gobiernos y entidades locales, regionales, nacionales e internacionales han declarado formalmente la emergencia climática y están debatiendo la mejor manera de regular las emisiones de dióxido de carbono. Pero muchos de ellos no están haciendo lo suficiente y, sorprendentemente, solo 100 empresas son responsables del 71% de las emisiones mundiales.

Aunque las empresas y los gobernantes están empezando a despertar, hay muchas cosas que podemos hacer como individuos para reducir nuestra propia huella de carbono: en las acciones cotidianas descritas en este libro y en nuestra esfera de influencia más amplia como consumidores, votantes y ciudadanos. Evita las empresas contaminantes, escribe a tu diputado/senador o concejal, participa en manifestaciones y protestas, ayuda en una limpieza de playas, apoya a las empresas más ecológicas, habla con tus vecinos y practica algunos de los muchos cambios que aparecen en este libro. Imagina todo lo que podemos hacer cada uno de nosotros si lo hacemos juntos.

Gracias,
Ellen Tout
@ellen_tout

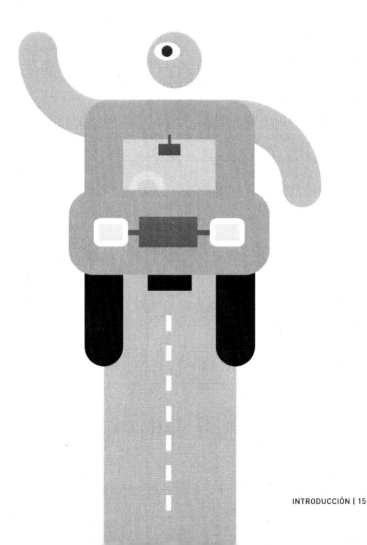

CALEFACCIÓN Y REFRIGERACIÓN

Cada 2 minutos el Sol da a la Tierra más energía de la que utilizamos en un año.

El muchos países desarrollados, el 40% de las emisiones proceden de los hogares. La producción de energía, principalmente a través de la quema de combustibles fósiles, representa tres cuartas partes de las emisiones mundiales de gases de efecto invernadero.

Por primera vez, en 2019 las fuentes de energía renovables proporcionaron más electricidad al Reino Unido que los combustibles fósiles.

La instalación de un contador inteligente te podría ayudar a ahorrar al menos un 5% en el consumo de gas en tu hogar.

ENERGÍAS RENOVABLES

Por mucho que racionalices el uso de la energía, siempre seguirás necesitando un poco. Si aprovechas la creciente disponibilidad de energías renovables, mantendrás la huella de carbono de tu consumo energético lo más baja posible.

LA TECNOLOGÍA FOTOVOLTAICA, también conocida como solar, aprovecha la energía de los rayos del sol para crear electricidad o calentar agua. Los paneles fotovoltaicos modernos solo necesitan la luz del día (no necesariamente la luz solar directa) para generar electricidad, por lo que pueden seguir generando algo de energía en un día nublado. Los precios están bajando y la instalación de paneles solares en el tejado o las paredes te proporcionará electricidad gratuita para alimentar tu casa; de hecho, podrías ahorrar hasta 270 € al año en tus facturas de energía. Si eso es una inversión demasiado grande, prueba uno de los muchos equipos solares —como cargadores de teléfonos móviles— que hay ahora en el mercado. Es posible que nunca tengas que comprar otra batería.

VIENTOS DE CAMBIO Hoy, las turbinas eólicas (molinos) domésticas pueden ser independientes; incluso puedes instalar pequeñas turbinas en el tejado. Utilizando una pequeña turbina para cargar un sistema de baterías en tu casa, podrías reducir tu factura de electricidad en un tercio y tu huella de carbono doméstica en hasta 500 kg de CO_2

¿POR QUÉ NECESITAMOS ENERGÍAS RENOVABLES?

Para 2030, se prevé que el 42% de la huella de carbono del hogar medio proceda de la calefacción y el 9% de la electricidad. La electricidad baja en carbono podría reducir las emisiones en un 79%.

Cada uno de nuestros hogares desempeña un gran papel en el cumplimiento de los objetivos de emisiones y en la lucha contra la crisis climática.

A medida que el suministro de combustibles fósiles se hace más escaso, podemos ver cómo se disparan las facturas de la energía —en 2022, los precios se incrementaron de manera exponencial debido a la escasez de gas— y es probable que el suministro se convierta en una fuente creciente de tensión política.

Las fuentes de energía renovables son una alternativa cada vez más viable. No solo son neutras en cuanto a la emisión de carbono (emiten una cantidad insignificante de CO_2 a la atmósfera), si no que tienen otras muchas ventajas: dependen del aire o del sol, por lo que los costes de funcionamiento son bajos y predecibles, evitando el caos económico de las fluctuaciones del precio del combustible.

Por otra parte, están disponibles en abundancia en todo el mundo y son mucho menos vulnerables a los ataques terroristas que las fuentes de energía convencionales.

Las fuentes de energía renovables están aumentando rápidamente su disponibilidad, en especial la eólica y la solar, y sus costes (y los de otras energías renovables) están disminuyendo a medida que se desarrollan las tecnologías, se automatiza la fabricación y se consiguen economías de escala.

Si los avances en este sector continúan al ritmo actual, hasta mil millones de personas podrían utilizar energías renovables en la próxima década, y las renovables podrían representar entre un tercio y la mitad de la producción energética mundial en 2050.

al año. Y si produces un exceso de energía, puedes venderla a la red nacional. También puedes contratar una tarifa de energía eólica (ver la columna de al lado). Incluso puedes comprar acciones de un nuevo parque eólico o apoyar un plan de energía eólica comunitaria. Es probable que sea una inversión sólida.

👍 **LA ENERGÍA DE LAS MAREAS** La energía generada por las olas, las corrientes, las mareas y por las diferencias de temperatura de los océanos puede ser aprovechada por el hombre. La mayor parte de las tecnologías en estos ámbitos están aún en fase experimental, pero ya hay varias instalaciones de energía mareomotriz que se han desarrollado con éxito. Australia, Portugal y Escocia figuran en una lista creciente de países que invierten en tecnologías de energía oceánica. Infórmate y, si estás a favor de esta fuente de energía neutra en carbono, apoya cualquier propuesta de instalación en tu localidad.

🧱 **EL CALOR DEL SUELO** El suelo absorbe y almacena el calor del sol. Las bombas de calor geotérmicas (ver pág. 30) son una red de tuberías bajo el suelo que sirve para aprovechar este calor natural, que puede utilizarse para calentar o, en un proceso inverso, para enfriar los edificios. Del mismo modo, las bombas de calor aerotérmicas absorben el calor del aire exterior para calentar la casa y el agua.

💲 **PLANTAS DE ENERGÍA** La biomasa producida a partir de materiales orgánicos, ya sea directamente de plantas o indirectamente de subproductos industriales o agrícolas (como el estiércol o los residuos domésticos), tiene un enorme potencial como fuente de energía renovable. Por ejemplo, puede utilizarse para calentar la casa o como combustible para el motor, aunque hay limitaciones en cuanto a la tierra disponible para cultivar productos generadores de biomasa. Aunque los subproductos liberan dióxido de carbono al quemarse, este es mucho menor que el de los combustibles fósiles. También se está introduciendo gradualmente el «gas verde», que es vegano y se elabora con hierba segada.

($) **EMBALSES** La energía hidroeléctrica es la mayor fuente de energía renovable y genera el 16% de la electricidad mundial. Sin embargo, las sequías y el clima imprevisible pueden plantear dificultades a la energía hidroeléctrica. Los grandes embalses también han sido criticados por su impacto en el medio ambiente y la comunidad local.

($) **PODER PARA EL PUEBLO** Los planes energéticos comunitarios crean energía renovable a nivel local, devolviendo los beneficios a la comunidad, alimentando los hogares locales y ayudando a la gente a tener más control sobre su energía. Incluso puedes invertir o crear tu propio proyecto de energía comunitaria.

CONTRATAR POTENCIA VERDE
Si no puedes generar tu propia energía en casa, tienes la posibilidad de que tu hogar utilice energía renovable contratando a una de las cada vez más numerosas empresas que suministran energía a partir de fuentes renovables, como la energía eólica. Aunque todos los proveedores suministran su energía a través de la red nacional, comprueba que el tuyo invierta realmente en la construcción de plantas de energía renovable en lugar de limitarse a ofrecer una tarifa «verde» (que puede carecer de sentido). De este modo, tu hogar estará participando en el impulso mundial hacia una energía renovable global.

Tradicionalmente, los edificios se diseñaban para aprovechar el entorno y el clima locales. Los muros gruesos impedían el paso del calor en verano y lo conservaban en invierno. En zonas de clima cálido, los edificios se pintaban de colores claros para reflejar el calor del sol. Las ventanas eran relativamente pequeñas para evitar los rayos solares, y los patios sombreados y frondosos ayudaban a mantener el interior fresco. En los climas fríos, los edificios se pintaban de colores oscuros para absorber el calor solar, y las ventanas orientadas al sur eran más grandes para aprovechar el calor del sol.

Con la llegada de la calefacción central y el aire acondicionado, los principios de la calefacción y la refrigeración pasivas se dejaron de lado, pero ahora muchos arquitectos contemporáneos están volviendo a esta sabiduría intemporal.

SOL Y SOMBRA

En lugar de depender por completo de la calefacción y la refrigeración industriales, utiliza la exposición al sol y las sombras para mantener una temperatura agradable en tu casa.

ENREDA LAS PARRAS DE UVAS en los enrejados del lado más caliente de la casa. Mantén el enrejado a una distancia mínima de 15 cm de la pared para proporcionar una barrera de aire fresco.

PLANTA ÁRBOLES para que den sombra en verano y bloqueen los vientos del invierno. Si optas por árboles de hoja caduca, te proporcionarán la ventaja adicional de dejar pasar el sol en invierno.

COLOCA TOLDOS o voladizos móviles en el tejado para bloquear el sol del verano, pero permitir que entre durante el invierno. Las cortinas y persianas de colores claros también pueden ayudar a reducir la ganancia de calor. En invierno, mantenlas abiertas durante el día para que entre la luz del sol.

PINTA LA CASA de un color claro si vives en un clima cálido, o de un color oscuro si vives en un clima frío. También existen revestimientos especiales (reflectantes o absorbentes) para el tejado.

No es necesario que tu casa esté orientada completamente al sur para disfrutar del calor solar. Los edificios orientados a menos de 30 grados del sur obtienen el 90% de los beneficios del sol.

Otra forma de utilizar las plantas para mitigar el exceso de frío o calor exterior es plantar un «techo verde» (ver pág. 85), que puede reducir los costes de calefacción y refrigeración de un edificio hasta en un 50%.

Una buena sombra puede reducir las temperaturas interiores hasta en 11 °C, minimizando la necesidad de aire acondicionado.

Hasta la mitad de la energía utilizada en los hogares y en los edificios comerciales se destina a la calefacción y la refrigeración.

Expuestas al sol, las superficies negras pueden estar hasta 40°C más calientes que las blancas o plateadas.

Los exteriores de color oscuro absorben entre el 70% y el 90% de la energía solar radiante que incide sobre un edificio.

Al instalar un sistema de protección contra las corrientes de aire, debes asegurar una ventilación adecuada, especialmente si en casa tienes chimenea, fogones de gas o una caldera con un conducto de humos.

 Además de evitar que el aire caliente se escape durante el invierno, la protección contra las corrientes de aire puede impedir la entrada de aire caliente durante el verano, reduciendo la necesidad de aire acondicionado.

 Los estudios han demostrado que la mejora de los cierres en puertas y ventanas de las viviendas puede suponer un ahorro energético de entre el 15% y el 30%.

 La impermeabilización de una vivienda media puede reducir las emisiones anuales de CO_2 en unos 150 kg.

 La instalación de puertas de cristal alrededor de una chimenea puede reducir la pérdida de calor de la propia chimenea en un 50%.

CORRIENTES DE AIRE

Estar en medio de una corriente de aire no solo es incómodo, sino que también es un gran derroche: el 20% del calor que se pierde en una casa se filtra por las rendijas y las ventanas sin ajustar.

🪄 **SOSTÉN UNA VELA ENCENDIDA** junto a los marcos de ventanas y puertas (mejor en un día ventoso). Allí donde parpadee, hay una corriente de aire que debes neutralizar.

🪄 **EVITA LAS CORRIENTES DE AIRE** Evita que el calor se escape y haz tu casa más confortable colocando juntas contra las corrientes de aire (ver derecha) alrededor de puertas y ventanas. Rellena los huecos entre los zócalos y el suelo con silicona o listones de madera.

👍 **MANTÉN LAS PUERTAS CERRADAS** cuando tengas encendida la calefacción para evitar las corrientes de aire en la casa.

🪄 **ASEGURA TU CHIMENEA** con un «globo de chimenea». Este dispositivo se coloca a unos 30 cm de altura dentro de la chimenea y evita que el aire caliente se escape por el conducto. No olvides quitarlo cuando enciendas el fuego.

PROTECCIÓN CONTRA LAS CORRIENTES DE AIRE
Protegerse contra las corrientes de aire es una forma fácil y rentable de evitar los flujos de aire no deseados dentro y fuera de la casa y reducir la factura de la calefacción (o refrigeración). La mayoría de materiales de protección contra las corrientes de aire se pueden adquirir en tiendas de bricolaje y son relativamente fáciles de instalar. Se dividen en tres categorías principales:

- Juntas de compresión: tiras de espuma, goma o tubos autoadhesivos que se instalan alrededor de las ventanas y puertas batientes.
- Juntas rascadoras: tiras de cepillo o de muelle menos flexibles que se instalan en las ventanas de guillotina y las puertas correderas; crean menos fricción que las juntas de compresión.
- Calafateo: suele ser un sellador de caucho de silicona (también puede estar hecho de otros materiales, como listones de madera), que se utiliza para rellenar huecos.

¿PARA QUÉ SIRVE EL AISLAMIENTO?

Un buen aislamiento desempeña un papel fundamental en la reducción de la huella de carbono de un edificio. Mantiene el calor dentro durante el invierno y fuera durante el verano, reduciendo la necesidad de calefacción y de aire acondicionado, que consumen mucha energía. Alrededor de la mitad del calor que se pierde en una vivienda sin un buen aislamiento se escapa por las paredes y el desván, por lo que es prioritario aislar estas zonas. El aislamiento del suelo, el doble acristalamiento, la protección contra las corrientes de aire (ver págs. 24-25) y el aislamiento de depósitos y tuberías (ver pág. 29) también desempeñan un papel importante en la regulación de la temperatura de la vivienda. Además de mejorar la eficiencia del hogar, el aislamiento aporta otros beneficios menos evidentes, como evitar el ruido y prevenir la formación de moho en paredes y techos (la condensación se debe, en parte, a las fluctuaciones de temperatura).

AISLAMIENTO

Aunque puede que no llame tanto la atención como un panel solar o una turbina eólica, la instalación de un buen aislamiento es una de las cosas más importantes que puedes hacer para reducir la huella de carbono de tu hogar.

AÍSLA TU DESVÁN para evitar perder hasta un tercio del calor del hogar por el techo. Si vives en una zona de clima frío, asegúrate de que el aislamiento tiene un grosor mínimo de 270 mm para obtener buenos resultados. Este retiene el calor que sube desde abajo, evita que el sol caliente la casa en verano y puede reducir las emisiones anuales de CO_2 en hasta 1,5 toneladas.

BUSCA UN VALOR R ELEVADO cuando compres material aislante. El valor R es una medida de la resistencia térmica de un material e indica la capacidad de aislamiento térmico de una capa de dicho material: cuanto mayor sea el valor R, más eficaz será para evitar la entrada de calor dentro del edificio en verano y su pérdida hacia el exterior en invierno.

SUSTITUYE LAS VENTANAS VIEJAS por otras de doble o triple acristalamiento para reducir la pérdida de calor de una vivienda media hasta en un 20% y disminuir las emisiones de CO_2 en unos 700 kg al año. O bien, instala vidrio de «baja emisividad», que permite el paso de la misma cantidad de luz solar visible a través de la ventana que el vidrio normal, pero que tiene un revestimiento transparente especial que restringe el traspaso de energía térmica.

Si todo el mundo aumentara el aislamiento de su desván a 270 mm, el ahorro de energía permitiría pagar las facturas de combustible de millones de hogares.

 Las cortinas sin aislamiento pueden reducir la pérdida de calor a través de las ventanas solo un tercio, en cambio, las cortinas con aislamiento pueden reducirla a la mitad.

 Los materiales aislantes naturales requieren hasta 10 veces menos energía para su producción que los materiales sintéticos, como la fibra de vidrio.

 La sustitución de seis ventanas grandes de un solo cristal por otras de doble acristalamiento podría evitar 4.500 kg de CO_2 y ahorrar más de 230 € al año.

 Aislar la planta baja puede reducir la pérdida de calor de tu casa hasta en un 25%.

 Fabricado a partir de vaqueros reciclados, combinados con tela vaquera postindustrial y algodón, el aislamiento de tela vaquera es agradable de trabajar y muy aislante.

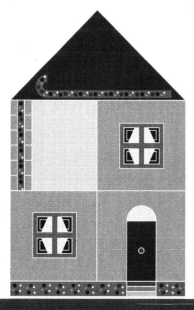

SOPORTE VERTICAL

El 40% del calor que se pierde en una casa sin aislar se escapa por las paredes. La mejor manera de aislar las paredes exteriores depende de si son de construcción hueca o sólida:

- Para aislar las paredes huecas, los contratistas perforan un pequeño agujero en la pared e inyectan material aislante para rellenar el hueco interior. Esto reduce la pérdida de calor hasta en un 60% y podría reducir las emisiones de CO_2 de una vivienda media en 1 tonelada cada año.
- Para aislar paredes sólidas basta con un revestimiento con un tratamiento aislante decorativo resistente a la intemperie. En una casa adosada de 3 dormitorios se podrían ahorrar casi 2,5 toneladas de CO_2 al año, lo que amortizaría su coste en 5-6 años.
- También se puede aislar desde el interior, utilizando laminados de aislamiento/placas de yeso ya preparados, o listones de madera rellenos de aislamiento y cubiertos con placas de yeso, o un revestimiento aislante flexible.

La sustitución de ventanas minimiza la pérdida de calor cuando hace frío y su exceso cuando hace calor. Si tienes un presupuesto limitado, opta por paneles de acristalamiento secundario, que son una alternativa menos permanente, pero razonablemente eficaz, a las ventanas nuevas, o aplica una película aislante adhesiva al cristal.

CIERRA LAS CORTINAS cada noche. Esto puede ser tan eficaz para mantener el calor como la colocación de una capa adicional de acristalamiento, sobre todo si las cortinas tienen forros térmicos gruesos.

AÍSLA LA CAPA INFERIOR DEL SUELO y sella los huecos que pueda haber entre las tablas de madera del parqué.

OBTÉN AYUDAS Muchas autoridades locales ofrecen subvenciones o tarifas especiales para el aislamiento de desvanes y paredes huecas.

BUSCA MATERIALES NATURALES Invierte en productos aislantes derivados de materiales naturales o reciclados, como el corcho, la tela vaquera reutilizada o el cáñamo.

CALDERAS

Calentar el espacio y el agua supone una parte importante de las necesidades energéticas de nuestros hogares. El tipo de caldera que tengas y el modo en que la utilices desempeñarán un papel fundamental en la reducción de la huella de carbono de tu hogar.

REVISA TU CALDERA Saca el máximo partido a tu caldera realizando una revisión anual. Si tiene más de 10 años, posiblemente será bastante ineficiente y tal vez debas plantearte un cambio o una renovación.

MEJOR UNA CALDERA DE CONDENSACIÓN Las calderas actuales son de condensación, mucho más eficientes que las antiguas. Utilizan un intercambiador de calor para reciclar parte del calor de los gases de combustión, que de otro modo se perdería. Estas calderas tienen un rendimiento de aproximadamente el 90% (frente al 60-70% de una caldera convencional de la década de 1980), por lo que pueden reducir la factura de gas en un 20-30%.

REVISA LAS TUBERÍAS DE LA CALDERA y tal vez consigas reducir las emisiones de CO_2 de tu casa hasta en 400 kg al año. Asegúrate de que el aislamiento de las tuberías tenga un grosor mínimo de 2,5 cm y el de la caldera de 7,5 cm (incluso puedes utilizar un edredón viejo como revestimiento). El coste de esta inversión lo habrás recuperado en seis meses.

FUENTES DE CALOR RENOVABLES

Incluso la caldera de gas o petróleo más eficiente emite una cantidad significativa de CO_2. Los sistemas de calefacción alimentados por fuentes de energía renovable ofrecen una alternativa baja o nula en emisión de carbono.

- Los sistemas solares de calentamiento de agua captan la energía del sol que incide sobre los paneles orientados al sur. Dependiendo del clima en el que vivas, este tipo de sistema podría cubrir gran parte de tus necesidades de agua caliente.

- Los sistemas de producción combinada de calor y electricidad (CHP) a partir de biomasa, muy habituales en los países escandinavos, consisten en quemar astillas de madera u otro combustible de biomasa en una planta cercana para generar electricidad. El calor producido se distribuye a los hogares de la zona para proporcionar calefacción y agua caliente. Este proceso combinado casi duplica la eficiencia del uso de la energía.

- Siempre que el combustible proceda de un bosque bien

gestionado, las estufas de leña son una fuente de energía renovable y neutra en carbono. Las chimeneas tradicionales suelen tener un rendimiento del 10-30%, mientras que las estufas modernas lo incrementan hasta el 85%. Utilizan recortes de madera, pellets hechos de serrín compactado, astillas de madera, corteza, residuos de cultivos agrícolas, papel usado, posos de café u otros materiales orgánicos.

- Las bombas de calor geotérmicas de suelo aprovechan el calor de debajo de tus pies. Hacen pasar un fluido por una red de tubos colectores enterrados en el suelo; este fluido absorbe el calor natural de la tierra, que se convierte en un gas que ayuda a calentar la casa. Además, los sistemas geotérmicos también pueden ayudar a enfriar tu casa en verano. Del mismo modo, las bombas de calor toman la energía del entorno natural, absorbiendo el calor del aire exterior para calentar la casa y el agua.

SITÚA LA CALDERA CERCA DEL AGUA
Si vas a instalar una caldera nueva, sitúala cerca del lugar donde se vaya a utilizar el agua caliente con más frecuencia para evitar la pérdida de calor en los largos desplazamientos por las tuberías de la casa.

INSTALA UNA CALDERA COMBINADA,
que quema energía solo cuando realmente necesita agua caliente. Estas calderas reducen la pérdida de calor en espera (hasta un 4% por hora) y pueden reducir a la mitad el coste de calentar el agua.

UNA INSTALACIÓN PROPIA
Si no tienes la suerte de vivir en una zona con un sistema de producción combinada de calor y electricidad (CHP) (ver pág. 29), puedes invertir en un modelo doméstico de gas. Aunque se alimentan de un combustible fósil, pueden reducir el consumo de energía hasta un 25%.

APROVECHA EL SOL
Si vives en una zona con buen sol la mayoría de meses del año (como ocurre en muchos países de habla hispana), un sistema de calentamiento de agua por energía solar debería proporcionarte toda el agua caliente durante el verano y aproximadamente un tercio de tus necesidades el resto del año.

La instalación de un calentador de agua solar puede reducir las facturas de calentamiento de agua hasta en un 80%.

La calefacción representa aproximadamente el 53% de lo que se gasta al año en facturas de energía.

Las bombas de calor geotérmicas tienen un rendimiento del 300%: por cada unidad de electricidad que necesita la bomba, proporcionan 3 unidades de calor.

Un hogar medio podría ahorrar hasta 350 € al año en combustible si sustituye su vieja caldera de gas por una nueva de condensación de categoría A con programador, termostato de ambiente y controles termostáticos de radiadores.

Un sistema medio de calefacción solar de agua reduce las emisiones de CO_2 en unos 500 kg al año.

El cambio de una caldera antigua por otra más eficiente en una casa media de clima frío podría reducir las emisiones de CO_2 en 1,5-2,5 toneladas al año.

En los países occidentales, la calefacción central representa hasta el 60% de las emisiones de CO_2 de los hogares.

Sustituye tu caldera de gas o petróleo por una caldera de biomasa neutra en carbono y ahorra hasta 7 toneladas de emisiones de CO_2 al año.

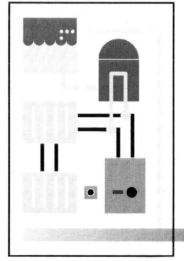

Con cada grado centígrado que bajes del termostato de tu casa reducirás la factura de la calefacción en un 10% aproximadamente y eliminarás 300 kg de CO_2 de las emisiones de tu hogar.

 A principios de la década de 1970, la temperatura media en el interior de una casa era de 14 °C. A principios del siglo XXI, esta temperatura había aumentado a casi 20 °C.

 Intenta bajar la temperatura del termostato de tu habitación 1 °C a la semana hasta llegar a los 18 °C, que debería ser un nivel cómodo para la mayoría de las personas.

 Apagar la calefacción media hora antes de acostarte debería reducir la factura de la calefacción en un 5% aproximadamente, y probablemente no notarás ningún descenso de la temperatura.

TERMOSTATOS

Los termostatos y controles de la calefacción suelen estar ocultos, pero pueden desempeñar un papel importante en la reducción de la cantidad de carbono que genera tu hogar.

👍 **SITÚA EL TERMOSTATO EN EL LUGAR CORRECTO** Asegúrate de que se encuentra en una pared interior de una de las principales zonas de la casa, para que pueda detectar con precisión la temperatura ambiente. Si está demasiado cerca de una fuente de calor, como un fuego eléctrico, un televisor o una lámpara, sobrestimará la temperatura. Por el contrario, si está en el cuarto más frío de la casa, subestimará la temperatura, haciendo que la caldera trabaje más de la cuenta.

👍 **NO NECESITAS CALENTAR TODA LA CASA** Calienta solo las habitaciones que estés utilizando, regulando cada una de ellas por separado con válvulas de radiador termostáticas.

👍 **NO TE QUEMES EN LA DUCHA** Ahorra energía bajando el termostato de tu calentador de agua a 50-60 °C. Si está más caliente, tendrás que mezclar agua fría para que la temperatura sea soportable.

BOTONES Y DIALES

Utilizados de forma inteligente, los controles adecuados pueden reducir los costes de calefacción de tu casa entre un 15% y un 20%. Para ello, necesitarás:

- Un programador, que permite establecer los periodos de encendido y apagado de la calefacción y el calentador de agua.
- Un termostato de ambiente, que detecta la temperatura del aire y enciende o apaga el sistema de calefacción en función de ello.
- Un termostato de acumulador (si tienes un acumulador de agua caliente), que controla la temperatura del suministro de agua caliente.
- Válvulas de radiador termostáticas, que detectan la temperatura del aire a su alrededor y apagan y encienden el radiador en función de ello.
- Para obtener la máxima eficiencia, instala un termostato de ambiente programable. Este combina las funciones de un programador y un termostato, permitiéndote seleccionar las temperaturas para diferentes horas.

UNA PLACA DE ALUMINIO DETRÁS DEL RADIADOR

Para aprovechar al máximo tus radiadores, prueba a colocar un panel reflectante en la pared detrás de cada uno (sobre todo si es una pared exterior). De este modo, el calor se refleja en la habitación en lugar de calentar la pared. Los paneles especialmente diseñados para radiadores, fabricados con laminados de papel de aluminio o láminas de plástico aluminizado, son baratos y fáciles de instalar, o puedes fabricar los tuyos propios con un trozo de cartón cubierto de papel de aluminio.

Si colocas estanterías estrechas unos 5 cm por encima de los radiadores, ayudarás a mover el calor de la habitación.

RADIADORES

Con toda seguridad, tu sistema de calefacción central es el que genera una parte importante de la huella de carbono de tu hogar. Asegúrate de sacarle el máximo partido utilizando los radiadores de forma eficaz.

NO ESCONDAS EL RADIADOR Para crear una corriente de aire caliente, los radiadores y otros calefactores necesitan espacio a su alrededor, así que no los escondas detrás de sofás o cortinas, o acabarás con muebles calientes y habitaciones frías.

OJO CON LOS TERMOSTATOS El único radiador en el que no deberías instalar una válvula termostática (ver pág. 33) es el que se encuentra en la misma habitación que el termostato principal. Si este radiador ya tiene dicha válvula, mantenla en su posición más alta para que no se acabe sobrecalentando el resto de la casa antes de que este termostato reciba el mensaje de que el ambiente está suficientemente caliente.

PURGA LOS RADIADORES REGULARMENTE para expulsar el aire atrapado. Esto ayudará a que funcionen con la máxima eficiencia.

La instalación de paneles reflectantes detrás de todos los radiadores podría reducir las emisiones de CO_2 de tu hogar hasta en 200 kg al año.

 Alejar un mueble grande de un radiador puede aumentar su eficiencia hasta en un 20%.

 Los radiadores situados en los pisos superiores de los edificios de varias plantas pueden necesitar ser purgados con más frecuencia que los de los pisos inferiores, ya que el aire caliente tiende a subir por el sistema de calefacción.

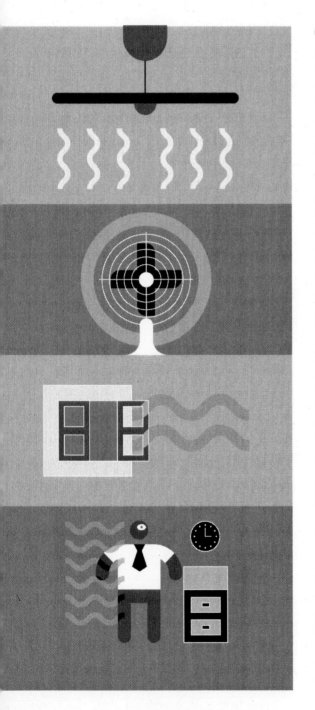

Si sustituyes tu aparato de aire acondicionado por un ventilador de techo, podrá reducir el consumo de energía en 1-2 kW, el equivalente de una bombilla de 100 W.

Al utilizar el agua del lago Ontario para refrigerar los edificios del centro de Toronto, esta ciudad canadiense ha reducido sus emisiones anuales de CO_2 en unas 80.000 toneladas.

La limpieza periódica de los filtros del sistema de aire acondicionado de tu casa puede reducir el consumo de energía en un 5%, y las emisiones de CO_2 en 80-160 kg al año.

Las casas que no tienen aire acondicionado suelen consumir la mitad de energía que las que sí lo tienen.

El aire acondicionado utiliza hasta una sexta parte de la electricidad en Estados Unidos, y en los días calurosos de verano consume el 43% de la carga eléctrica máxima del país.

AIRE ACONDICIONADO

La refrigeración mecánica del aire tiene un elevado coste medioambiental. A medida que vayan aumentando las temperaturas debido al calentamiento global, las alternativas de refrigeración con bajas emisiones de carbono serán fundamentales para la preservación del medio ambiente.

VOLVER A LO BÁSICO Antes de instalar cualquier sistema de refrigeración por aire, hay que mejorar el aislamiento (ver págs. 26-28) y la protección contra las corrientes de aire (ver págs. 24-25), y buscar formas de proporcionar sombra a la casa (ver págs. 22-23). Estas medidas pueden mantener frescos los edificios de manera natural y sin gasto energético.

UNA BRISA FRESCA Y SALUDABLE Abre las ventanas por la noche para que entre el aire fresco y salga el aire caliente. Prueba a poner en marcha un gran ventilador en el techo durante la noche, cuando las ventanas estén abiertas, para hacer circular el aire fresco por la casa.

VÍSTETE SEGÚN EL CLIMA Lleva ropa suelta y fresca para no necesitar el aire acondicionado y contrarrestar los efectos de demasiadas capas. Si es necesario, pide en tu lugar de trabajo que modifique el código de vestimenta para adaptarlo a la climatología.

UTILIZA EL AIRE ACONDICIONADO DE FORMA INTELIGENTE

Si tienes aire acondicionado, repasa esta lista de comprobación para asegurarte de que el sistema es lo más eficiente posible desde el punto de vista energético:

- Asegúrate de que la potencia es la adecuada para tu casa: es un desperdicio de energía tener un aire acondicionado demasiado potente.
- Sella los conductos para maximizar la eficiencia.
- Limpia o sustituye los filtros regularmente.
- Ubica el aparato de aire acondicionado lejos de cualquier otro elemento que genere calor, pues podría forzar su funcionamiento.
- Mantén las ventanas y las puertas cerradas cuando esté en funcionamiento, o el aire frío se escapará.
- Utilízalo solo para mitigar el calor; no crees un microclima polar en tu casa.
- Apágalo 1 hora antes de salir: el aire se mantendrá fresco un buen rato.

ELECTRICIDAD
Y ELECTRÓNICA

ILUMINACIÓN

Una gran parte de la electricidad que utilizamos se destina a la iluminación. Aprovecha la luz solar natural y las nuevas tecnologías para iluminar mejor tu casa.

MAXIMIZA EL USO DE LA LUZ NATURAL
Por ejemplo, pinta las paredes de colores claros para mejorar la iluminación de las habitaciones, mantén las cortinas y persianas abiertas durante el día para que entre la mayor cantidad de luz solar posible y asegúrate de que las ventanas estén limpias. Si trabajas en casa, sitúa tu espacio de trabajo en una habitación con luz natural para minimizar la necesidad de iluminación artificial.

CAMBIA LAS BOMBILLAS Cuando tengas que utilizar la iluminación eléctrica, evita las bombillas incandescentes y halógenas. Las bombillas fluorescentes compactas (CFL) antes eran las más eficientes, pero ahora es mejor optar por los diodos emisores de luz (LED), que son más eficientes y se encienden instantáneamente a pleno rendimiento.

IDENTIFICA TUS PRIORIDADES Puede que no sea factible sustituir todas las bombillas a la vez, en cuyo caso prioriza las estancias que están más tiempo iluminadas. En 2018, España prohibió la fabricación de bombillas halógenas. Aunque las tiendas las están eliminando, es posible que muchos comercios vendan sus existencias antiguas, así que comprueba cuidadosamente antes de comprar.

La iluminación representa el 15% del consumo medio de electricidad de los hogares.

Solo el 5% de la electricidad utilizada en las antiguas bombillas incandescentes se convierte en luz visible.

La bombilla LED media dura entre 15 y 20 años.

Cambiando a LED, un hogar podría ahorrar hasta 10 € por bombilla al año.

En países como el Reino Unido, apagar las luces cuando no se necesitan podría evitar hasta 400.000 toneladas de emisiones de CO_2 cada año, lo que supone casi 7 kg por persona.

TUBOS SOLARES EN CASA
Puedes aprovechar la luz del sol utilizando tubos solares (tubos con superficies interiores superreflectantes) para dirigir la luz del exterior a zonas poco iluminadas de un edificio. Los egipcios los utilizaron por primera vez hace 4.000 años, cuando emplearon pozos de luz y espejos para llevar la luz del día al centro de las pirámides. Los equivalentes modernos son sencillos y relativamente baratos: la luz solar que incide sobre una cúpula de plástico en una pared exterior o en el tejado se intensifica al pasar por el tubo y luego se difunde a través de una luminaria opaca. Los tubos solares pueden proporcionar el equivalente a 100 W de luz en invierno y hasta 500 W en un día soleado de verano.

APAGA LAS LUCES cuando no las necesites. Si vas a construir una casa nueva o vas a hacer reformas en el hogar, asegúrate de que los interruptores de la luz estén situados cerca de la puerta de cada habitación, para que sea más fácil apagar las luces cuando salgas.

UTILIZA UNA LÁMPARA DE SOBREMESA para concentrar la luz justo donde la necesites, en lugar de iluminar toda la habitación.

COLOCA LAS LÁMPARAS EN LOS RINCONES de las habitaciones, ya que reflejarán más luz que si las colocas más centradas en una pared.

INSTALA SENSORES DE MOVIMIENTO PARA LAS LUCES NOCTURNAS Si quieres iluminar puntualmente un lugar por la noche, conecta a la luz sensores de movimiento para que se enciendan solo cuando sea necesario y no queden accidentalmente encendidas.

APARATOS ELECTRÓNICOS

Los hogares modernos están repletos de dispositivos electrónicos, desde videoconsolas hasta tabletas y televisores. Puede que estén consumiendo más energía de la que crees.

($) **ETIQUETA DE EFICIENCIA ENERGÉTICA**
Cuando debas comprar un nuevo electrodoméstico, elígelo siempre con certificado de eficiencia energética. Busca la etiqueta, fácilmente visible en los aparatos expuestos en las tiendas, que asegure que se trata de un electrodoméstico eficiente desde el punto de vista energético.

($) **OPTA POR APARATOS INTEGRADOS** Tienen menos energía incorporada (la energía incorporada en sus materias primas y gastada en su fabricación) y utilizan menos energía para funcionar que dos piezas separadas.

($) **COMPRA UN CARGADOR INTELIGENTE**
Una vez que el aparato está cargado, estos cargadores reducen su uso de energía (en lugar de seguir consumiendo más energía).

($) **UTILIZA APARATOS QUE FUNCIONEN CON ENERGÍA SOLAR** A medida que se desarrollan las tecnologías, cada año salen al mercado más aparatos que funcionan con energía solar, como cargadores, radios, etc.

ES MOMENTO DE PULSAR EL BOTÓN «STOP»
Tenemos más aparatos que nunca en nuestros hogares y que suponen una proporción sorprendentemente grande de nuestro uso de energía doméstica: el 19% de la factura eléctrica total (solo los televisores significan el 30% de ese uso). Todos estos artilugios inteligentes tienen un enorme impacto en el carbono, no solo por la electricidad que consumen, sino también por su fabricación y eliminación. Necesitamos urgentemente invertir esta tendencia:

- Compra menos electrodomésticos.
- Elige modelos más eficientes desde el punto de vista energético.
- Utilízalos de forma más inteligente.
- Evita las actualizaciones periódicas.
- Repara los aparatos antes de desecharlos; si puedes, en casa, sino en un taller de reparaciones.
- Compra aparatos de segunda mano rehabilitados.
- Compra productos que están hechos para durar (buymeonce.com es una web útil para ello).

CONTADORES INTELIGENTES
Si te cuesta acordarte de apagar las cosas, un contador inteligente puede ayudarte a recordarlo. Su pantalla digital te dice exactamente cuánta electricidad está consumiendo tu casa en un momento dado, cuánto CO_2 se está emitiendo como resultado, y cuánto se está incrementando tu factura de electricidad. Tiene una unidad de visualización inalámbrica, lo que significa que es fácil de controlar. Los estudios sugieren que los contadores inteligentes pueden ayudar a los hogares a reducir su consumo de electricidad hasta en un 25%, y son una forma estupenda de vigilar el uso de los aparatos de los niños o de comprobar rápidamente que no se ha dejado la plancha o la parrilla encendidas antes de salir de casa.

 APAGA LOS APARATOS QUE NO USES Los televisores, ordenadores y otros equipos electrónicos pueden consumir casi tanta energía cuando se dejan en espera como cuando están en uso. Para evitar el despilfarro de energía, apaga completamente los equipos cuando no los utilices. Para facilitarte las cosas al máximo, puedes conectar varios aparatos a una regleta con interruptor, lo que te permitirá apagarlos todos a la vez.

 REDUCE EL BRILLO de la pantalla de tu televisor o dispositivo. Esto puede disminuir el consumo de energía en un 30-50%. La configuración de fábrica suele ser mucho más brillante de lo necesario. Si tienes un televisor LCD, normalmente puedes reducir la luz de fondo.

($) **COMPRA UN BUEN TELEVISOR** Si necesitas comprar un nuevo televisor, ten en cuenta la eficiencia energética. Los televisores de retroproyección suelen ser los más eficientes, seguidos de los modelos LCD. Los televisores de tubo de rayos catódicos y de plasma suelen ser los menos eficientes desde el punto de vista energético.

Apagando completamente los aparatos electrónicos, puedes reducir la factura eléctrica hasta en un 10%.

Un estudio realizado en California reveló que un hogar medio tiene 19 aparatos en *standby* en todo momento.

En algunos países desarrollados, los aparatos electrónicos que se dejan en modo *standby* representan el 8% de todo el consumo doméstico de energía.

Apuesta por una pantalla pequeña: un televisor con una pantalla de 20 pulgadas puede consumir hasta 10 veces menos electricidad que uno con una pantalla de 50 pulgadas.

Utiliza una radio «de cuerda», en lugar de un modelo de 20 W, durante 4 horas al día y ahorra unos 12 kg de CO_2 al año.

En Estados Unidos, más de 40.000 kg de CD se quedan obsoletos cada mes. Descárgate música para no contribuir a este despilfarro.

Apagar el wifi por la noche puede suponer un ahorro de más de 5 € al año para un hogar medio.

TELÉFONOS MÓVILES Y TABLETAS

Los teléfonos móviles y las tabletas son cada vez más importantes en nuestra vida diaria, y su contribución a la demanda de energía también está creciendo a un ritmo alarmante.

DESENCHUFA TU CARGADOR cuando no lo uses. Aunque no haya nada conectado, muchos cargadores siguen consumiendo energía (si está caliente, está usando electricidad). No cargues tu teléfono o dispositivo al 100%: la mayoría tienen una vida útil más larga si sus baterías se mantienen cargadas al 50%.

RESISTE LA TENTACIÓN DE LAS ÚLTIMAS VERSIONES Las empresas siempre nos animan a cambiar al modelo más reciente, normalmente mucho antes de que el existente esté caducado. Evita este despilfarro de materias primas (y la energía que conlleva su fabricación) eligiendo un modelo robusto y duradero.

NO TIRES A LA BASURA TU ANTIGUO DISPOSITIVO Deposítalo en un punto verde (centro de reciclaje) de tu municipio cuando realmente necesites uno nuevo. Son dispositivos que contienen un cóctel de sustancias tóxicas y el reciclaje mantiene estos elementos indeseables controlados y ahorra la sobreexplotación minera para la fabricación de nuevos dispositivos.

Un cargador de teléfono que se deja enchufado todo el tiempo desperdicia hasta el 95% de la energía que consume.

Solo en el Reino Unido, se desechan 75.000 teléfonos móviles cada año.

Los cargadores de teléfonos móviles pueden consumir hasta 5 W de electricidad cada hora cuando están enchufados, incluso sin tener el teléfono conectado.

En muchos países, la gente sustituye sus móviles cada 18 meses de media; cada año se desechan 15 millones de teléfonos y solo se recicla el 5% de ellos.

El teléfono móvil medio contiene unos 30 elementos, entre ellos cobre, litio, plomo y cromo, que pueden ser tóxicos en combinación con otros elementos habituales en los vertederos.

Desenchufa el cargador de tu teléfono cuando no lo utilices y evita emitir hasta 7 kg de CO_2 cada año.

COCINA

COCINAS SOLARES

Para cocinar con cero emisiones, prueba una cocina solar, que te permite hornear, hervir o cocer al vapor los alimentos en aproximadamente el mismo tiempo que tardarías en una cocina normal, utilizando solo la energía del sol. Son ideales para los pícnics o las acampadas —sobre todo en las zonas en las que está prohibido hacer fuego—, o puedes instalar una en tu jardín durante todo el verano. Para cocinar en días nublados o por la noche, existen versiones híbridas con apoyo eléctrico de bajo consumo.

COCINAS

El consumo de energía de las cocinas puede variar mucho, así que cuando llegue el momento de comprar una nueva, vale la pena buscar el modelo más eficiente disponible.

($) **ELIGE UNA COCINA ELÉCTRICA** Actualmente son la opción más eficiente desde el punto de vista energético, especialmente si tu suministro de electricidad es de energía renovable. Combínala con una placa de inducción, que consume menos energía y cocina rápidamente. No olvides comprobar la etiqueta de eficiencia energética del producto.

($) **BUSCA UN HORNO DE CONVECCIÓN (O VENTILADOR)**, que te permitirá reducir los tiempos de cocción hasta un 30% y las temperaturas en torno al 20%.

👍 **UTILIZA EL HORNO SOLO CUANDO SEA NECESARIO** Cocina comidas para poca gente en un horno de sobremesa, que consumirá menos de la mitad de energía.

👍 **NO ABUSES DEL MICROONDAS** Los microondas pueden reducir en gran medida el consumo de energía para ciertos tipos de cocción, especialmente para calentar pequeñas cantidades y restos de comida. Sin embargo, son una forma muy poco eficiente de descongelar alimentos congelados. Las ollas de cocción lenta también son muy eficientes desde el punto de vista energético.

Cocinar representa alrededor del 4% del uso de energía doméstica para el hogar medio.

Cocina las comidas desde cero: los alimentos procesados producen tres veces más emisiones de carbono que la cocina casera.

Una familia media utiliza los fogones unas 400 veces al año y el horno unas 200 veces al año.

Las cocinas tradicionales (como las de la gama AGA) constituyen una de las formas de cocinar menos eficientes desde el punto de vista energético ya que pueden consumir muchísima energía a lo largo de un año.

Si 10.000 personas hicieran una comida en el microondas en lugar de utilizar el horno eléctrico, ahorrarían suficiente energía para calentar un *jacuzzi* durante un año.

Desconecta el microondas de la red eléctrica cuando no lo utilices. De lo contrario, el reloj digital podría consumir a lo largo de un año casi tanta energía como el propio microondas.

La huella de carbono de una patata hervida depende más de si se cocina con la tapa de la olla puesta o sin ella que de cómo y dónde se ha cultivado.

 Un hervidor de agua o una cocina de gas genera alrededor de 1 kg de gas de efecto invernadero por cada 10 litros de líquido hervido.

Colocar una sartén de 15 cm en un fogón (o anillo) de 20 cm de la vitrocerámica desperdicia el 40% de la energía del fogón.

 Elegir el tamaño adecuado de la sartén para cocinar y mantener la tapa puesta durante la mayor parte del proceso de cocción puede reducir el uso de energía hasta en un 90%.

 Mantén las superficies de las vitrocerámicas y de los fogones limpios y brillantes para maximizar la cantidad de calor que se desprende hacia los alimentos que se están cocinando.

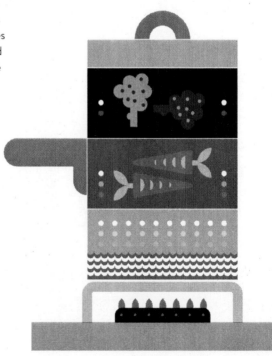

TÉCNICAS DE COCCIÓN

Cocinar los alimentos supone alrededor del 4% de la energía que utilizamos en nuestros hogares, así que asegúrate de que tus habilidades culinarias no estén consumiendo recursos innecesariamente.

👍 **COCINA PARA MÁS DE UNA COMIDA** Cuando cocines recetas que requieran su tiempo de cocción, prepara suficiente cantidad para varias comidas, y congela o refrigera la parte que no vayas a consumir de inmediato. Necesitarás mucha menos energía (y tiempo y esfuerzo) para recalentar que para cocinar nuevos platos.

👍 **UTILIZA LA SARTÉN MÁS PEQUEÑA POSIBLE**, ya que las sartenes más pequeñas requieren menos energía.

👍 **AJUSTA EL ANILLO DE LA PLACA A LA SARTÉN** Si la sartén no cubre completamente el anillo de la vitrocerámica, el calor se escapará por los lados.

👍 **UTILIZA SARTENES DE FONDO PLANO** en las cocinas eléctricas para garantizar la máxima eficacia con el menor consumo.

👍 **NO PRECALIENTES EL HORNO**, a menos que estés haciendo pastelería, pan o suflé. Debería calentarse lo suficientemente rápido como para no afectar a los tiempos de cocción o a la calidad.

¿CÓMO COCINAS?

Aunque es importante tener cocinas eficientes (ver págs. 50-51), lo que más influye en el consumo de energía en la cocina es la forma en que se cocinan los alimentos. Un estudio de la United States Bureau of Standards ha demostrado que algunas personas utilizan un 50% menos de energía que otras para cocinar la misma comida.

EL TIEMPO ES ENERGÍA

No es de extrañar que todo lo que podamos hacer para reducir los tiempos de cocción sirva para ahorrar energía. En el ajetreo de la preparación de la cena después del trabajo, intenta tener en cuenta algunas de las siguientes técnicas sencillas para ahorrar tiempo y energía:

- Mantén las cacerolas tapadas mientras cocinas.
- Corta los alimentos en trozos pequeños.
- Descongela los alimentos congelados en el frigorífico durante la noche en lugar de cocinarlos congelados.
- Hierve el agua para la cocción en el hervidor de agua y luego pásala a la cacerola.

- A menos que utilices el agua de la cocción para hacer sopa, añade solo el agua suficiente para cubrir los alimentos que estés hirviendo.
- Utilizar una olla a presión: al aumentar la presión del vapor, se cocina a mayor temperatura, reduciendo el tiempo de cocción y utilizando entre un 50% y un 75% menos de energía que una olla normal.

Una notable excepción al principio de «el tiempo es energía» es la técnica de ahorro de energía del hervido lento, que puede utilizarse para cocinar arroz, pasta y verduras. En cuanto el agua esté hirviendo, introduce los alimentos en la olla, cúbrelos con una tapa hermética y apaga el fuego por completo. Los alimentos se cocinarán con el calor residual, pero tardarán un 50% más de lo habitual.

Una tostadora eléctrica consume hasta tres veces menos energía que el grill del horno.

👍 **ADIÓS A LAS COMIDAS PREPARADAS**
($) Cuando el tiempo apremia y te sientes tentado de recurrir a una comida preparada calentándola en el horno, ¿por qué no preparas un salteado? Gastarás una cuarta parte del tiempo y de la energía para cocinar, eso sin contar el gasto energético que supone la producción del plato preparado.

👍 **TEN PACIENCIA** Resiste la tentación de abrir la puerta del horno para comprobar el progreso del horneado. Cada vez que lo haces, se escapa hasta un 25% del calor.

👍 **APAGA EL HORNO** unos minutos antes de que la comida esté cocinada: seguirá cocinándose con el calor residual. Luego, cuando hayas sacado la comida, ayuda a la calefacción central dejando la puerta del horno abierta.

👍 **TODA UNA COMIDA CON UNA SOLA SARTÉN** Las comidas de plato único tipo paellas, minestrones o guisos de legumbres que se cocinan con una sola olla o sartén (one-pot) utilizan aproximadamente un tercio de la energía de las comidas de varios platos cocinados en sartenes separadas.

($) **APROVECHA TODA LA VERDURA**
Acostúmbrate a comer todas las partes comestibles de las frutas y verduras. Así reducirás los residuos de tu cocina y ahorrarás dinero. Prueba platos como el pesto de zanahorias, los crujientes de cáscaras de verduras, el caldo de pieles de cebolla o el vinagre de sidra de manzana.

REFRIGERACIÓN

Los frigoríficos y congeladores, que funcionan las 24 horas del día, representan una cuarta parte del consumo eléctrico doméstico. Así que asegúrate de que no te cuestan a ti ni al medio ambiente más de lo necesario, utilizándolos de la forma más eficiente posible.

LA UBICACIÓN LO ES TODO Instala el frigorífico o congelador en un lugar fresco, bien alejado de la cocina, la caldera y los radiadores, con un espacio entre la pared de al menos 6 cm para que el aire circule por detrás. Colocarlo en un lugar fresco podría reducir las emisiones de CO_2 asociadas hasta en 150 kg al año.

LIMPIA LOS SERPENTINES Mantén los serpentines de la parte trasera de tu frigorífico o congelador libres de polvo. Esto mejorará su eficiencia hasta en un 30%.

COMPRUEBA LA TEMPERATURA Los frigoríficos no necesitan estar a menos de 3-5 °C, y los congeladores hacen su trabajo a -15 °C. Si están más fríos, están desperdiciando energía y dinero. Invierte en un termómetro para el frigorífico o el congelador si no lo lleva incorporado.

DESCONGELA REGULARMENTE, en especial cuando el hielo tenga un grosor de 3-5 mm; o elige un modelo que no haga escarcha. Un congelador con escarcha consume más energía que uno sin hielo adosado en el interior.

REFRIGERACIÓN SIN ELECTRICIDAD
Reduce el volumen de la refrigeración utilizando un pequeño frigorífico solo para lo que necesite mantenerse realmente frío, y un armario o despensa de refrigeración natural (en especial si vives en un clima razonablemente fresco) para el resto de los alimentos.

TRUCOS PARA EL FRIGORÍFICO
Puedes reducir el consumo de tu frigorífico y congelador si utilizas algunos trucos que te ayudarán a maximizar su eficiencia:
- Espera a que los alimentos se enfríen antes de introducirlos en la nevera y asegúrate de que estén cubiertos (idealmente con una tapa o un plato en lugar de papel de aluminio o film transparente). Esto no solo evita que los alimentos se sequen, sino que impide que la humedad que contienen se condense en las paredes del frigorífico/congelador, lo que ayuda a que el electrodoméstico consuma menos energía y necesite descongelarse menos a menudo.

- Planifica tus comidas con antelación y así evitarás utilizar la cocina o el microondas para descongelar los alimentos congelados. Si puedes dejar que los alimentos congelados se descongelen en la nevera durante la noche, su temperatura reducirá el trabajo al frigorífico.
- Mantén el frigorífico lleno hasta las tres cuartas partes y el congelador completamente lleno para conseguir una eficiencia óptima. De este modo, cuando abras el frigorífico habrá menos aire que se escape. Utiliza papel de periódico para llenar el congelador y guarda botellas llenas de agua en el frigorífico si no tienes suficiente comida para mantener la capacidad adecuada.

COMPRUEBA LA PUERTA DEL FRIGORÍFICO
para asegurar que cierre de manera hermética colocando un trozo de papel en ella. Si el papel se cae cuando la puerta está cerrada, es posible que toque cambiar la junta y/o los imanes de la puerta para evitar que se escape el aire frío.

PON ORDEN EN EL FRIGORÍFICO para
ayudarte a encontrar lo que buscas rápidamente. Cada vez que abres la puerta, se escapa hasta un 30% del aire frío.

VACACIONES Antes de irte de vacaciones,
asegúrate de que la nevera esté lo más vacía posible. Si hay alimentos que no caducarán hasta que vuelvas, baja la potencia de enfriado. De lo contrario, apaga el frigorífico por completo.

¿QUÉ HACER CON EL VIEJO FRIGORÍFICO?
Normalmente, ceder los objetos que ya no quieres a personas que puedan utilizarlos es una buena manera de ahorrar la energía asociada a la producción de nuevos bienes. Sin embargo, este principio no se aplica a los frigoríficos y congeladores viejos que consumen mucha energía. Cuando vayas a sustituir un frigorífico o congelador viejo, no lo pongas en el mercado de segunda mano; es mejor que lo lleves a un punto verde o que una empresa de reciclaje autorizada te lo pase a recoger.

COMPARTIR ES HACER UN MUNDO MEJOR
Los frigoríficos comunitarios y los programas y aplicaciones para compartir alimentos son cada vez más populares como forma de intercambiar, compartir y recoger los alimentos sobrantes o no deseados que, de otro modo, irían a parar al vertedero. Tu exceso de calabacines podría ser justo lo que alguien está buscando.

Casi el 20% de la energía generada en el mundo se utiliza para la refrigeración.

Los frigoríficos más eficientes son los que tienen el congelador independiente, encima o debajo del frigorífico. Consumen entre un 10 y un 25% menos de energía que los modelos *side by side* (con doble puerta central, una para el frigorífico y la otra para el congelador).

Desenchufar un congelador de repuesto poco utilizado puede reducir las emisiones de CO_2 de una casa en aproximadamente un 10%.

Los congeladores de descongelación manual consumen mucha menos energía que los modelos de descongelación automática (¡siempre que los descongeles regularmente!).

Elementos como las máquinas de hielo y los dispensadores de agua a través de la puerta pueden aumentar el consumo de energía de un frigorífico-congelador hasta en un 20%.

Los nuevos modelos de alta eficiencia energética pueden consumir un tercio de la energía que gasta un refrigerador de 10 años.

La población mundial utiliza un millón de botellas de plástico cada minuto.

Los bares del Reino Unido tiran cada año 600.000 toneladas de botellas de vidrio.

Por cada 15 litros de agua embotellada que se transporta al Reino Unido desde Francia, se utiliza un litro de gasóleo.

Importar vino a granel y embotellarlo en su destino en lugar de en origen puede reducir su huella de carbono hasta en un 40%.

Mantén la ebullición del agua el más breve tiempo posible: encender un hervidor de 2.400 W equivale a encender 160 bombillas de bajo consumo a la vez.

Lleva una botella de agua rellenable y utiliza la aplicación Refill para encontrar negocios que estén dispuestos a rellenar tu botella de forma gratuita. La aplicación también incluye una lista de lugares para rellenar tazas de café, comidas para llevar con su propio envase y compras con cero residuos.

El agua embotellada cuesta hasta 10.000 veces más que el agua del grifo.

Utilizar una taza en el trabajo dos veces al día en lugar de vasos desechables evita la emisión de unos 60 kg de CO_2 al año.

BEBIDAS

Sea cual sea la bebida que elijas, asegúrate de que no estés dejando una huella de carbono excesiva junto a la cuenta del bar.

👍 **HIERVE SOLO LA CANTIDAD DE AGUA NECESARIA** Llenar completamente una tetera o hervidor solo para una taza de té libera el equivalente a 125 tazas de CO_2. Para no quedarte corto ni largo en la medida, utiliza una taza para verter la cantidad de agua necesaria.

💲 **COMPRA CAFÉ CULTIVADO A LA SOMBRA**, y así ayudarás a preservar los ecosistemas que captan gran parte del CO_2 que se genera en la elaboración de la infusión que te vas a tomar más tarde.

💲 **BEBE CERVEZA ARTESANAL LOCAL** Disfrutarás de una bebida de gran calidad y personalidad que, además, es de kilómetro cero.

💲 **PRUEBA LOS VINOS ECOLÓGICOS** elaborados lo más cerca posible de tu casa. Evitarás cientos de kilos de pesticidas derivados del petróleo y un montón de litros de gasolina necesarios para desplazar este rico pero pesado elixir.

REDUCE EL CONSUMO DE AGUA EMBOTELLADA
El agua del grifo refrigerada sabe casi igual que el agua mineral embotellada, cuesta una mínima parte del precio y llega a casa por la tubería. No consume envases ni se necesita un camión para llevarla de un lugar a otro. Guarda una jarra en la nevera. Si te preocupa la calidad del agua, invierte en un sistema de filtración para tu cocina y ten agua purificada literalmente en el grifo. Para no tener que comprar agua embotellada cuando estés fuera de casa, lleva una botella pequeña y resistente y ves rellenándola por el camino.

Cultiva tu propia manzanilla, melisa o menta para hacer infusiones en lugar de utilizar siempre bolsas de té procesadas.

LAVADO Y LIMPIEZA

CONSEJOS PARA EL LAVAVAJILLAS

Los estudios sugieren que el uso del lavavajillas puede ser más eficiente desde el punto de vista energético que lavar los platos a mano. Sin embargo, el ahorro de energía (y de carbono) depende totalmente de unas buenas prácticas:

- Hazlo funcionar solo cuando esté lleno; en caso de necesidad y con una carga a medias, utiliza el ciclo de economía de media carga.
- Usa la temperatura más baja posible.
- No preenjuagues los platos a menos que estén cubiertos de comida incrustada.
- Limpia regularmente el filtro.
- Seca la vajilla de forma natural abriendo el lavavajillas antes de que comience el ciclo de secado; la vajilla caliente se secará rápidamente por sí sola.
- Apágalo cuando no lo utilices: dejar el lavavajillas en *stand by* cuando no está funcionando puede consumir un 70% de la energía que utiliza durante el ciclo de lavado.

LAVAR LOS PLATOS

Lavar los platos puede ser una tarea tediosa. Ahorra energía y agua y reduce las emisiones de carbono adquiriendo buenos hábitos tanto si los lavas a mano como en el lavavajillas.

LAVA A MANO CON CUIDADO Si se hace bien, lavar la vajilla a mano es en algunos casos más eficiente energéticamente que usar el lavavajillas, sobre todo si se trata de pequeñas cantidades de platos. En lugar de lavarlos bajo el grifo, pon un tapón en el fregadero o utiliza un recipiente para lavar. Y para minimizar la cantidad de agua que utilizas al aclarar, instala un filtro de bajo caudal en los grifos del fregadero.

REMOJA LAS SARTENES INCRUSTADAS DE COMIDA EN AGUA JABONOSA antes de lavarlos o introducirlos en el lavavajillas; de este modo, utilizarás menos agua y energía para limpiarlos.

AHORRA AGUA Y ENERGÍA Compra un lavavajillas del tamaño adecuado a tus necesidades, no más grande. Busca uno con sensor de suciedad, que ajustan el consumo de agua y energía en función de la suciedad de la vajilla en cada carga.

Un lavavajillas con certificado de eficiencia energética utiliza hasta un 40% menos de energía que la mayoría de los modelos antiguos, reduciendo las emisiones de carbono en unos 70 kg al año.

 Cuando laves la vajilla a mano, minimiza el número de veces que tienes que cambiar el agua lavando primero las piezas menos sucias.

 Un ciclo de lavavajillas a 55 °C consume aproximadamente un tercio menos de energía que un ciclo a 65 °C.

 Poner el lavavajillas en modo económico y reducir a la mitad el número de veces que lo utilizas podría reducir tus emisiones de CO_2 en más de 100 kg al año.

 Recoge el agua «gris» del lavado en un recipiente y utilízala para tirar de la cadena del inodoro, en lugar de tirarla por el desagüe.

Evita los aerosoles: contienen una elevada proporción de envase respecto al contenido y son difíciles de reciclar.

 Las calles arboladas tienen hasta dos tercios menos de partículas de polvo en el aire que las calles sin ningún tipo de vegetación.

 ¡La suciedad es buena para ti! Los estudios sugieren que los niños que crecen en un entorno demasiado limpio pueden ser más susceptibles a padecer alergias y asma.

 Utiliza vinagre blanco para limpiar grifos, ventanas, suelos, azulejos, etc., en lugar de comprar productos especializados.

 Cuando puedas, compra productos de limpieza a granel y guárdalos en recipientes reutilizables.

PRODUCTOS DE LIMPIEZA

El simple acto de limpiar nuestros hogares se ha convertido en un proceso que consume mucha energía y utiliza productos que pueden tener un impacto medioambiental innecesariamente grande.

MANTÉN ALEJADA LA SUCIEDAD Intenta plantar árboles o un seto entre tu casa y la calle: la vegetación capturará gran parte del polvo antes de que llegue a tu casa.

UTILIZA ESTROPAJOS Y PAÑOS REUTILIZABLES en lugar de rollos de papel o toallitas desechables. Evita los materiales de limpieza hechos de plástico, que desprenden microplásticos nocivos mientras limpias. En su lugar, elige los reutilizables hechos de bambú, algodón orgánico o fibras de coco.

ELIGE PRODUCTOS QUE FUNCIONEN BIEN A BAJAS TEMPERATURAS, como un limpiador de suelos que funcione bien con agua fría en lugar de caliente.

OPTA POR PRODUCTOS CONCENTRADOS de limpieza, pues minimizan el impacto de su transporte y embalaje.

USO PRUDENTE DE LA ASPIRADORA

Una aspiradora media utiliza diez veces más electricidad por hora que un ordenador, ya que la mayor parte de la energía se convierte en calor y no en aspiración. Sé inteligente en el uso de tu aspiradora para minimizar su huella de carbono:

- A la hora de elegir una nueva aspiradora, busca el modelo más eficiente energéticamente y elige una sin bolsa recambiable.
- Reduce la necesidad de limpiar el suelo colocando felpudos a cada lado de las puertas exteriores y quitándote los zapatos al entrar a casa.
- Utiliza una escoba, un recogedor y un cepillo como alternativa libre de carbono.

HIGIENE Y ASEO PERSONAL

Tanto si tu cuarto de baño es una lujosa estancia como un campo de batalla matutino, es probable que tus hábitos en esta importante estancia dejen una importante huella de carbono, que puede recortarse fácilmente sin disminuir la higiene personal.

👍 **CAMBIA EL BAÑO DIARIO POR LA DUCHA**
Un baño medio contiene unos 80 litros de agua, mientras que una ducha de 5 minutos consume unos 30 litros. Reserva los baños para ocasiones especiales: sírvete un vaso de vino (ecológico), añade unas gotas de aceite esencial y pon música relajante. Y si estás en condiciones de hacerlo, ahorra agua compartiendo tu baño...

👍 **HAZTE DUCHAS CORTAS** Si pasas más de 5 minutos en la ducha, pronto descubrirás que estás gastando tanta agua como en el baño. Utiliza un temporizador de ducha para que te recuerde cuándo se acaba el tiempo.

💲 **EVITA LAS DUCHAS DE POTENCIA**, que pueden bombear 15 litros de agua caliente por minuto, por lo que una ducha de 5 minutos gastará tanta agua como un baño.

Una persona media ahorraría unos 550.000 litros de agua a lo largo de su vida si cerrara el grifo mientras se cepilla los dientes.

El ahorro de solo 20 litros de agua caliente al día disminuirá tu consumo de energía en hasta 700 kWh al año, reduciendo las emisiones de CO_2 en 140 kg.

Solo el 50% de los residuos del baño se reciclan, como los botes de champú, los tubos de pasta de dientes y los rollos de papel higiénico, frente al 90% de los residuos de la cocina.

Colocar un «Hippo» en la cisterna del inodoro ahorra hasta 5.000 litros de agua y evita la emisión de unos 1,5 kg de CO_2 al año.

El calentamiento del agua representa alrededor de una cuarta parte del consumo energético de un hogar medio.

En Estados Unidos, cada año terminan en el vertedero unos 2.000 millones de maquinillas de afeitar desechables.

- Piensa si realmente necesitas tirar de la cadena cada vez que utilizas el inodoro.
- Para evitar todos los costes medioambientales (y económicos) que supone el uso de agua potable para la descarga, conecta tu(s) inodoro(s) a una unidad de recogida de agua de lluvia o a un sistema que recicle las aguas grises (el agua que se ha utilizado en lavabos, bañeras, duchas o la lavadora). El agua de lluvia y las aguas grises son de una calidad perfectamente adecuada para tirar de la cadena. Para solucionarlo rápidamente, ten un cubo con agua gris de lavadora o ducha al lado de tu inodoro. Échala en el retrete para eliminar los orines en lugar de usar agua potable.

 INSTALA FILTROS DOSIFICADORES DE CAUDAL en la ducha y los grifos de casa. Estos reducen el caudal a la mitad y mezclan burbujas de aire en el agua, lo que hace que sientas que te mojas igual. Una familia de cuatro miembros puede reducir sus emisiones de CO_2 en más de 200 kg al año cambiando la ducha normal por una de bajo caudal.

 CIERRA EL GRIFO mientras te cepillas los dientes y ahorrarás hasta 10 litros de agua cada vez.

SECADOR DEL PELO Ahorra tiempo por las mañanas y reduce la huella de carbono en tus estándares de belleza haciéndote un corte de pelo que no requiera un secador y/o una plancha todos los días.

 ELIMINA TU HUELLA DE CARBONO Alarga la vida de tus cuchillas de afeitar con un afilador especial para este producto, lo que podría reducir el coste de tu afeitado hasta en un 75%. O prescinde de las cuchillas desechables: compra una que sea eléctrica y recargable, o una maquinilla de afeitar de seguridad reutilizable o hazte con una cuchilla clásica de barbero. Si la cuidas bien, te dará toda una vida de afeitados suaves.

DETENER LA
MAREA DE PLÁSTICO

Evita crear residuos de plástico en tu
baño comprando de forma inteligente:

Rellena las botellas reutilizables comprando a granel
líquidos como el gel de ducha o el limpiador de inodoros.

Utiliza un champú en pastilla en lugar de un
champú y acondicionador embotellados.

Sustituye el gel de ducha y el jabón líquido de manos por una pastilla de jabón.

Prueba el desodorante natural, que se vende en
una lata o tarro de aluminio reciclable.

Elije productos bucales sin plástico, como hilo dental natural,
pastillas de pasta de dientes y polvo dental.

Cambia a productos menstruales naturales, como las bragas menstruales,
la copa menstrual y los tampones o compresas sin plástico.

Si los usas, elige bastoncillos de algodón sin plástico y compostables.

Compra papel higiénico reciclado o de bambú.

Sustituye las toallitas húmedas de usar y tirar
por toallitas faciales reutilizables.

Una lavadora media se utiliza unas 274 veces al año.

 Utilizar un tendedero en lugar de una secadora evita entre 600 y 650 kg de emisiones de CO_2 al año.

 En Estados Unidos, cada segundo se ponen en marcha unas 1.100 cargas de lavado.

LAVANDERÍA

Las lavadoras y las secadoras facilitan el trabajo de lavar la ropa, pero requieren mucho calor, por lo que su coste en carbono es elevado. Utilízalas con prudencia y tu conciencia estará tan limpia como tu ropa.

($) **USA UNA LAVADORA EFICIENTE ENERGÉTICAMENTE**, que reduce el consumo de energía hasta en un tercio. Busca una lavadora con una alta velocidad de centrifugado; de este modo, se eliminará la mayor parte del agua de la ropa y se reducirá la necesidad de utilizar la secadora.

($) **PASA DE LA CARGA SUPERIOR A LA CARGA DELANTERA** Si tu lavadora actual es de carga superior, compra un modelo de carga frontal cuando necesites cambiarla. Aunque las de carga superior suelen tener mayor capacidad, las de carga frontal utilizan menos agua y gastan menos energía, y tratan la ropa con más cuidado.

👍 **PON EN REMOJO LA ROPA MUY SUCIA** antes de meterla en la lavadora para evitar la necesidad de un lavado caliente y grandes cantidades de detergente.

👍 **DOSIFICA EL USO DE LA LAVADORA** Hacer una sola colada a la semana puede evitar la emisión de 20-30 kg de CO_2 al año. Espera a que la ropa esté realmente sucia antes de lavarla (colgarla para que se ventile entre uso y uso ayudará a mantenerla limpia y sin olor) y espera a tener completamente llena la lavadora para ponerla en marcha y evitar así el desperdicio de agua y energía.

PLANCHAR LA ROPA
Ahorra tiempo y energía planchando solo lo que realmente necesitas. Planchar en grandes tandas utilizando una botella de spray llena de agua en lugar del ajuste de vapor reducirá significativamente el uso de energía de tu plancha. Y deja para el final las prendas que requieran una plancha más fría. Así podrás apagar la plancha antes de llegar a ellas y plancharlas con el calor residual.

El hogar medio estadounidense lava unas 6.000 prendas al año.

LAVAR EN TODO EL MUNDO

Hasta el 90% de la energía utilizada para lavar la ropa se destina a calentar el agua, por lo que la temperatura de la colada marca una gran diferencia en su huella de carbono. En todo el mundo, los hábitos de lavado son muy diferentes. En España, el 85% de las cargas de ropa se lavan a temperaturas inferiores a los 40 °C, frente a solo el 4% en el Reino Unido, donde la temperatura media de lavado, 43 °C, es aproximadamente el doble que la de Japón y se ponen el doble de cargas a la semana que en Alemania. Y en Estados Unidos, la temperatura media de lavado es de 29 °C, lo que supone 13 °C menos que la media europea.

👍 **LAVA A TEMPERATURAS MÁS BAJAS** Lavar la ropa a 30 °C en lugar de a una temperatura más alta consume hasta un 40% menos de energía y la ropa durará más. Busca detergentes diseñados para funcionar bien a temperaturas más bajas. Esto podría reducir tus emisiones en más de 200 kg al año.

💲 **ELIGE LIMPIADORES MENOS AGRESIVOS** Rellena una botella reutilizable con tus productos líquidos de lavado adquiridos a granel, o prueba un producto de lavado alternativo como el Ecoegg o las nueces de jabón.

👍 **REDUCE EL USO DE LA SECADORA** Cuando están en funcionamiento, las secadoras utilizan más energía que casi cualquier otro electrodoméstico, generando más de 3 kg de gases de efecto invernadero por cada carga que secan. Así que, aunque es obvio que son cómodas, solo debes utilizarlas como último recurso. En su lugar, cuelga la ropa para que se seque (si es posible, al aire libre, para que huela muy bien). Si tienes que usar una secadora, pon las cargas una detrás de otra mientras el tambor esté caliente, y mantén el colector de pelusas y el conducto de ventilación despejados para conseguir una eficiencia óptima.

👍 **ATRAPA LAS MICROFIBRAS** Cuando se lava, nuestra ropa desprende microfibras que entran en los cursos de agua y se suman a la contaminación por microplásticos. Evita estos residuos no deseados lavando tu ropa dentro de una bolsa de lavado, como la Guppyfriend. Las microfibras atrapadas se pueden tirar a la basura, y la bolsa puede reutilizarse una y otra vez.

El Reino Unido desperdicia 170 millones de libras en consumo de energía al año por lavar la ropa a una temperatura más alta de lo necesario.

Si todos los habitantes del Reino Unido lavaran a 30 °C, cada año ahorrarían suficiente energía para alimentar las farolas del país durante 10 meses.

Una secadora con el colector de pelusas o el conducto de ventilación obstruidos puede consumir hasta un 30% más de energía que una secadora en buen estado.

Evitar el prelavado reduce el consumo de energía de cada carga hasta en un 15%.

¡Llamada a los planchadores despistados! Si tienes que comprar una plancha nueva, hazte con una que se apague sola si la dejas en reposo durante 10-15 minutos.

JARDINERÍA
Y BRICOLAJE

Un grifo que gotea puede desperdiciar más de 5.500 litros de agua al año.

Dejar un aspersor encendido durante 1 hora puede consumir la misma cantidad de agua que una familia de cuatro miembros utiliza en dos días.

El hogar medio del Reino Unido utiliza 345 litros de agua al día, lo que supone 145 litros por persona y día.

Gran parte de la demanda actual de agua de muchos países podría satisfacerse si se recogiera la que cae sobre los tejados cuando llueve.

USO DEL AGUA

Cada año utilizamos más agua por persona, y su procesamiento y depuración requiere enormes cantidades de energía, lo que genera importantes emisiones de carbono.

RECOGE EL AGUA DE LA LLUVIA que cae sobre tu tejado conectando un depósito de agua a un bajante (tubo de recogida). Esta agua puede utilizarse en el jardín. Muchas plantas, como los arándanos, prefieren ser regadas con agua de lluvia. Y si quieres ir más allá, considera la posibilidad de instalar en casa un sistema de recogida de agua de lluvia, que recoge y filtra el agua para utilizarla en el inodoro y la lavadora.

USA EL AGUA DOS VECES, utilizando una manguera con una pequeña bomba manual para extraer el agua de la bañera (tipo WaterGreen) y utilizarla luego en el jardín o para tirar de la cadena.

LAVA EL COCHE CON AGUA DE LLUVIA Si no puedes utilizar agua de lluvia, lávalo a mano con un cubo de agua y una esponja o trapo. Si necesitas usar una manguera, ponle una lanza de riego (mango) para poder cerrarla entre lavados. Esto puede ahorrar hasta 700 litros de agua cada vez.

ECONOMIZA EN EL RIEGO
El tipo de plantas que cultivamos en nuestros jardines y la forma en que las cuidamos puede tener una gran influencia en la cantidad de agua que utilizamos. Sigue estos consejos para ahorrar agua en el riego y tu jardín prosperará en cualquier clima:

- Planta especies resistentes a la sequía; las plantas mediterráneas como el romero, la lavanda y la salvia son muy tolerantes a largos períodos de sequía.
- Riega a primera hora de la mañana o al atardecer para minimizar la evaporación.
- Utiliza una regadera en lugar de un aspersor y deposita el agua en la base de tus plantas.
- Mantén el césped largo (al menos 4 cm) para dar sombra al suelo y evitar que se seque.
- El mantillo alrededor de las plantas ayuda a impedir que el agua se evapore de la superficie del suelo, inhibe el crecimiento de las malas hierbas y añade nutrientes.

EN EL JARDÍN

La jardinería, realizada de forma correcta, puede reducir la huella de carbono.

👍 **NO BARRAS LAS HOJAS MUERTAS** usando un soplador de hojas. ¿Por qué no dejar que las hojas se descompongan de forma natural en el suelo? También puedes hacer tu propia caja de compostaje de hojas para luego añadir riqueza y nutrientes a la tierra.

💲 **CORTAR EL CÉSPED** En lugar de utilizar un cortacésped de gasolina, opta por un modelo eléctrico (idealmente alimentado por la electricidad de una tarifa ecológica) o, incluso mejor, uno manual. Considera la posibilidad de no segar en absoluto o de hacerlo en menor medida. O aún mejor, olvídate del césped por completo: el césped es un monocultivo que consume muchísima agua, así que ¿por qué no reemplazarlo por un parterre de flores silvestres o un seto respetuoso con la naturaleza?

🌱 **PLANTA ÁRBOLES** Un árbol puede absorber más de 1 tonelada de CO_2 a lo largo de su vida. Cuando muere y se descompone, gran parte de esta cantidad se devuelve a la atmósfera (aunque un una parte queda retenida en el suelo), por lo que lo ideal es utilizar el árbol como madera cuando muere y plantar otro en su lugar. En un espacio reducido, un manzano o un cerezo son perfectos para que tú y la fauna podáis disfrutar de él y de sus frutos.

👍 **EVITA ENCENDER HOGUERAS.** Convierte en compost los residuos del jardín (ver págs. 80 y 81).

Las turberas son un sumidero vital de carbono y un hábitat único. Ayuda a conservar esta importante riqueza ecológica eligiendo compost sin turba o fabricando el tuyo propio.

En Estados Unidos se derrama cada año tanta gasolina al llenar los cortacéspedes como en el desastre del petrolero Exxon Valdez de 1989.

Planta algo de bambú, ya que genera un 35% más de oxígeno que una superficie equivalente de árboles y también almacena más CO_2 .

Si se utiliza durante solo 2 horas, una estufa para un patio medio produce tanto CO_2 como un coche en un día normal.

Los árboles del mundo absorben unos 26 millones de toneladas de CO_2 al año.

Utilizar un cortacésped de gasolina durante 1 hora genera las emisiones equivalentes a conducir 160 km en un coche.

Deja en tu jardín algunas zonas asalvajadas e «imperfectas» para ayudar a mantener los micro y macroorganismos y la fauna, como los erizos y los pájaros.

Aumenta la biodiversidad de tu césped no segando más de una vez cada cuatro semanas y dejando algunas zonas sin segar.

En Dhaka (Bangladés), todos los residuos orgánicos se convierten en abono, lo que reduce las emisiones de metano en 1.270 toneladas al año, genera puestos de trabajo y limpia la ciudad, un modelo que debería reproducirse en todo el mundo.

 El compostaje de tus residuos orgánicos podría reducir las emisiones de CO_2 hasta en 300 kg al año, lo que equivale a unos 1.200-1.600 km de viaje en coche.

 De media, alrededor del 60% de la basura consiste en residuos biodegradables de comida, jardín y papel.

 Las lombrices de compostaje comen diariamente al menos la mitad de su peso corporal en materia orgánica.

 Entre el 25 y el 30% de todos los alimentos producidos en el mundo se desperdician, el 70% de los cuales son comestibles. El desperdicio de alimentos es responsable del 8-10% del total de las emisiones de gases de efecto invernadero producidas por el hombre, más o menos lo mismo que la industria de la aviación mundial.

 Si se eliminaran los residuos alimentarios de los vertederos, el nivel de reducción de gases de efecto invernadero sería equivalente a la eliminación de una quinta parte de los coches de las carreteras.

COMPOST

En un vertedero, los residuos orgánicos se descomponen sin oxígeno, lo que hace que emitan metano, un potente gas de efecto invernadero con un impacto 21 veces mayor que el del CO_2. El compostaje evita este problema y crea un abono natural y la oxigenación del suelo.

👍 **HAZ TU PROPIO COMPOST** Compra un sencillo cubo de compostaje o háztelo tú mismo: puedes fabricar una estructura de madera con palés reciclados y añadir una tapa para protegerla de la lluvia y retener el calor.

💲 **EQUIPA TU COCINA CON UN CUBO BOKASHI** Este ingenioso compostador japonés recicla casi cualquier tipo de residuos de comida (incluidos los alimentos cocinados, la carne, el pescado y los lácteos) y es lo suficientemente pequeño como para caber en la cocina. En pocas semanas, los residuos orgánicos se convierten en abono para el jardín y en fertilizante líquido para las plantas.

💲 **UN CRIADERO DE LOMBRICES** Existen unidades de compostaje autónomas que contienen una especie determinada de lombrices que convierten la materia orgánica en vermicompost, un magnífico abono natural perfecto para nutrir suelo y las plantas.

CONSEJOS PARA UN BUEN COMPOSTAJE
Para obtener los mejores resultados en el compostaje:
- Añade cantidades aproximadamente iguales de materia «verde» rica en nitrógeno, como plantas, hojas y verduras, y de materia «marrón» rica en carbono, como cartón, papel y ramitas.
- También puedes compostar serrín, cáscaras de huevo, bolsas de té sin plástico, posos de café y papeles de filtro sin plástico, pelo y estiércol de granja.
- No intentes compostar ramas grandes, madera pintada, serrín de madera contrachapada, papel coloreado o recubierto, carne, pescado, productos lácteos, plantas enfermas, residuos y desechos de animales domésticos carnívoros, ni productos de envases marcados como no compostables.
- Remueve el compost cada pocas semanas para asegurarte de que se descompone correctamente.
- Puedes construirte un seto «muerto» con ramas viejas; es una buena manera de ir compostándolas lentamente, ayudando a la naturaleza en su proceso regenerador.

CULTIVOS CASEROS

Además de comprar alimentos de proximidad, de temporada y ecológicos, intenta cultivar los tuyos propios. Comerás sano, de kilómetro cero y sin gastar envases.

👍 **CULTIVA DE FORMA ORGÁNICA** (o vegana), evitando los fertilizantes y pesticidas químicos, y los gases de efecto invernadero que se liberan en su producción. Prueba también la siembra complementaria para controlar de forma natural las plagas en tu huerto.

👍 **ABONO CASERO** Prueba a hacer tu propio abono natural solo con agua, ortigas y consuelda: déjalo reposar durante unas semanas y luego cuélalo y dilúyelo.

👍 **COMIENZA UN MICROJARDÍN** Si nunca has tenido huerto, puedes empezar cultivando hierbas, lechugas o pequeñas verduras y hortalizas en el alféizar de tu cocina.

👍 **PLANTA ÁRBOLES FRUTALES** Así conseguirás fruta gratis, y los árboles absorberán CO_2 a medida que crezcan.

👍 **CULTIVA TUS PROPIAS FLORES** Evita las emisiones de CO_2 asociadas a las flores cultivadas en invernaderos o transportadas por avión a grandes distancias. Planta bulbos, esquejes de arbustos de larga duración o parterres de flores silvestres autóctonas.

Los productos cultivados en casa pueden consumirse minutos después de ser recogidos, cuando son más nutritivos.

Un solo manzano puede producir hasta 500 manzanas por temporada durante 20 años.

Haz mini invernaderos para tus plantas cortando la base de botellas de plástico.

Reutiliza las viejas macetas de plástico y elige macetas compostables sin plástico cuando compres nuevas. Los rollos de papel higiénico viejos son ideales para reciclarlos como macetas para cultivar los primeros brotes.

Europa y Estados Unidos son los mayores compradores de flores cortadas, que llegan en transporte refrigerado desde lugares tan lejanos como Kenia.

Haz esquejes y prueba a guardar semillas, en lugar de comprar plantas y semillas nuevas, para reducir el transporte, evitar acumular una montaña de macetas de plástico y ahorrar dinero.

Durante la Segunda Guerra Mundial, los «jardines de la victoria» (Victory Gardens) cultivados en todo Estados Unidos suministraron hasta el 40% de todas las verduras consumidas por los civiles estadounidenses.

El cuidado del césped en Estados Unidos consume alrededor de 1,2 billones de litros de agua a la semana, suficiente para regar 30 millones de hectáreas de hortalizas ecológicas durante todo el verano.

Haz de la recuperación un arte: es una forma estupenda de ahorrar dinero, evitar que los materiales valiosos acaben en los vertederos y dar a tu proyecto de construcción un carácter único.

Una alternativa de hormigón llamada Hemcrete absorbe realmente el carbono, bloqueando 110 kg de CO_2 por metro cúbico.

Por término medio, el uso de 1 m³ de madera genera 800 kg menos de CO_2 que el uso del mismo volumen de otros materiales de construcción.

En Sheffield (Reino Unido) una escuela recibió un superaislamiento —más allá de cualquier normativa oficial— gracias a 4.000 pares de vaqueros reciclados.

La producción de 1 tonelada de cemento libera unos 700 kg de CO_2 a la atmósfera. De hecho, la producción de cemento representa alrededor del 5% de las emisiones de CO_2 producidas por el hombre.

El hormigón no puede ser atravesado por el agua de lluvia y puede aumentar la acumulación de agua superficial en un 50%, contribuyendo a las inundaciones repentinas. En su lugar, elige tejas, guijarros, hierba o pavimento con bordes permeables para los caminos y las superficies pavimentadas del jardín.

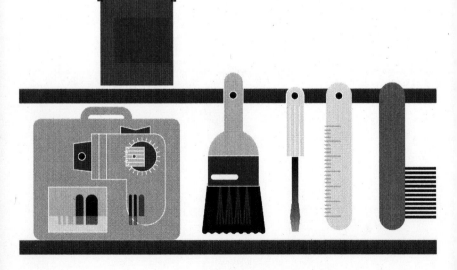

MATERIALES DE CONSTRUCCIÓN

Tanto si te gusta el bricolaje como si encargas la construcción de una casa de ensueño, intenta minimizar la energía que se emplea en el proceso (su «energía incorporada») y utiliza materiales de construcción con una baja huella de carbono.

($) **MEJOR CON MADERA** Siempre que puedas, sustituye otros materiales de construcción por la madera. Los árboles no solo absorben el CO_2, sino que, en su procesamiento, la madera genera un menor consumo de energía y menores emisiones de CO_2 que cualquier material de construcción común. También es un gran aislante. Asegúrate de utilizar madera recuperada o producida de forma sostenible.

($) **EVITA EL CEMENTO**, uno de los productos que más energía consume en el mundo. Si necesitas usar cemento u hormigón, prueba Hemcrete, una alternativa altamente aislante y baja en carbono hecha de cal y cáñamo.

COMPARTIR E INTERCAMBIAR Encuentra o crea un «banco» local de herramientas para compartir cosas como herramientas eléctricas o de jardinería. Los materiales de construcción de estos «bancos» suelen proceder de grupos comunitarios locales, y acostumbran a ser restos sobrantes de otras construcciones.

TEJADOS ECOLÓGICOS

Cada vez son más las personas que crean «tejados verdes» plantando en sus tejados vegetación, que constituye un excelente aislamiento. Las plantas absorben la radiación solar, impidiendo que entre en el edificio, algo especialmente útil en las ciudades, donde el efecto «isla de calor» puede elevar la temperatura local hasta un 10%. Los tejados verdes también reducen la escorrentía de las aguas pluviales y proporcionan un hábitat para una amplia gama de plantas y pequeños insectos. Si no es posible instalar un tejado verde en tu casa, intenta instalar uno en el cobertizo o en la caseta de herramientas del jardín.

¿Tiene tu ayuntamiento un plan de viviendas ecológicas o concede subvenciones para financiar reformas en tu hogar que reduzcan el impacto del carbono?

INVERSIONES Y COMPRAS

Adentrarse en la banca ética puede resultar abrumador. Es mejor que reconduzcas tus inversiones paso a paso. Comenta a tu gestor financiero cuáles son tus preocupaciones e indícale dónde quieres y dónde no quieres invertir.

NO TODAS LAS HIPOTECAS SON IGUALES

Si tienes que pedir una hipoteca, busca un banco ético y comprueba en qué invierte sus fondos. Algunos bancos y servicios hipotecarios ofrecen ahora también incentivos y planes para propiedades más ecológicas, basados en la eficiencia energética y las medidas medioambientales de la casa.

FINANCIACIÓN

¿Elegirías invertir tu dinero en industrias como la de los combustibles fósiles, el tabaco, las armas o la deforestación? Puede que sea el momento de comprobar lo que realmente estás financiando y si se ajusta a tus valores.

($) **CADA EURO CUENTA** Tu cuenta corriente, tus ahorros o tu fondo de inversión pueden tener un impacto positivo o negativo sobre las personas y el planeta. Busca empresas que sean transparentes en el destino de sus inversiones. ¿Invierten en energías renovables o en combustibles fósiles, por ejemplo? Valora también si pagan a sus empleados un salario justo y si gestionan sus negocios y oficinas de forma ética y generando pocos residuos.

($) **INVIERTE EN EL FUTURO** La mayoría de fondos privados de pensiones invierten su dinero respaldando industrias que pueden incluir los combustibles fósiles y la deforestación. Sin embargo, algunos fondos financian proyectos ecológicos como las energías renovables, los transportes más limpios y la reforestación. Habla con el gestor de tu fondo de pensiones y averigua en qué se está invirtiendo tu dinero y qué financia. Infórmate sobre fondos alternativos y considera la posibilidad de cambiarte a un proveedor ecológico. Puedes consultar en línea la guía de Good With Money (www.good-with-money.com) para obtener más información.

Tener un plan de pensiones sostenible puede reducir la huella de carbono 27 veces más que dejar de tomar aviones y hacerse vegano a la vez.

De todo el dinero invertido en el Reino Unido, aproximadamente la mitad procede de los ahorros para pensiones.

El 68% de los ahorradores británicos quiere que sus inversiones tengan en cuenta a las personas y al planeta, además de, obviamente, los beneficios.

CONSUME ALIMENTOS LOCALES

Nos hemos acostumbrado a comer lo que queremos cuando queremos, ignorando el hecho de que el transporte de alimentos fuera de temporada a grandes distancias tiene un enorme impacto medioambiental. Los beneficios de comprar alimentos locales y de temporada son variados y considerables:

- Reduce el impacto medioambiental del transporte.
- Por lo general, requiere menos energía para el envasado, el procesamiento y la refrigeración.
- Es más fresco, más sabroso y más nutritivo (los productos que se exportan a largas distancias suelen recogerse antes de que estén maduros para que sobrevivan al largo viaje).
- Hay más variedades disponibles, no solo las que soportan los viajes largos.
- Es una ayuda para los pequeños productores locales y aporta dinero a la economía local.

PRODUCTOS DE PROXIMIDAD

Es posible que los alimentos que has consumido hoy hayan recorrido miles de kilómetros hasta llegar a tu plato, acumulando importantes emisiones de carbono por el camino. Reduce este tipo de productos en cada comida y elige otros de temporada y de producción local siempre que puedas.

👍 **CULTIVA TU PROPIA COMIDA** y reduce el níumero total de kilómetros recorridos por la comida que ingieres (ver págs. 82-83).

👍 **PONTE DE ACUERDO CON TUS VECINOS** Cuando llegue el momento de plantar las semillas, coordínate con los vecinos con quienes compartas afinidades para que no todos cultivéis lo mismo y podáis compartir una gama de productos, en lugar de tener una superabundancia de uno o dos. Puede que incluso tengas la suerte de contar con un programa local de intercambio de semillas o un punto de intercambio de comida.

($) **CONVIÉRTETE EN UN «LOCAVORE»** Existe un movimiento de personas, conocido como «locavores», que restringen su dieta a los alimentos que se obtienen dentro de un determinado rango, por ejemplo, un radio de 160 km (en el mundo anglosajón se conoce mucho más este término). ¿Por qué no pruebas a unirte a ellos? Si te parece que esta norma es demasiado estricta, no temas permitirte caprichos ocasionales, como frutas tropicales, procedentes de lugares más lejanos, y aplica esta regla principalmente a los alimentos cotidianos. Incluso puedes probar a buscar alimentos silvestres de la zona, como moras y ajos silvestres.

COMPRA CERCA DE CASA Asegúrate de no aumentar la huella de carbono de tus compras haciendo viajes innecesarios en coche a centros comerciales de fuera de la ciudad: minimiza los viajes en coche y compra cerca de casa.

COMPRA PRODUCTOS DE TEMPORADA y de proximidad, y disfruta de lo que ofrece cada estación en tu región: las frutas y hortalizas saben mucho mejor cuando maduran en su momento. Además, comer productos locales y de temporada puede reducir tu huella de carbono hasta en 600-700 kg al año.

HAZLE UN HOMENAJE A LA COMIDA DE TEMPORADA asistiendo a las ferias y festivales de alimentación y de productos gastronómicos de tu región.

ELABORA ENCURTIDOS Para disfrutar de tus alimentos favoritos durante todo el año sin tener que traerlos en avión desde el otro lado del mundo cuando están fuera de temporada, cómpralos a granel cuando sea la temporada y prepara con ellos deliciosos encurtidos, chutneys y mermeladas.

AYUDA A QUE OTROS COMPREN PRODUCTOS DE PROXIMIDAD Invita a tus amigos a una cena con productos locales para demostrarles lo bien que se puede comer utilizando solo ingredientes de proximidad y de temporada.

EFECTO INVERNADERO
Los productos cultivados localmente no siempre tienen una menor huella de carbono que los mismos alimentos cultivados a miles de kilómetros. La presión para suministrar frutas y verduras fuera de temporada está impulsando a algunos agricultores de países de clima frío a cultivar productos como tomates y lechugas en invernaderos con sistemas de calefacción durante todo el año. Esto puede consumir tanta o más energía que transportarlos desde climas más soleados. Sin embargo, el entorno controlado de estos invernaderos hidropónicos reduce la necesidad de pesticidas. Para obtener productos más sabrosos y con menos emisiones de carbono, intenta disfrutarlos en temporada, cuando la naturaleza lo permita.

La industria cárnica genera el 18% de las emisiones de gases de efecto invernadero del mundo, es decir, más que todas las formas de transporte.

Una vaca expulsa cada día unos 200 g de metano, un gas aún más potente que el CO_2.

Evitar la carne y los productos lácteos es una de las cosas más importantes que una persona puede hacer para reducir su huella de carbono.

Para producir 1 kg de trigo se necesitan 750 litros de agua, mientras que 1 kg de carne de vacuno requiere hasta 15.000 litros.

Entre el 30 y el 40% de los caladeros de peces del Reino Unido están sobreexplotados. Además, las redes de pesca desechadas y los residuos son los principales contribuyentes al plástico de los océanos, constituyendo un escandaloso 46% del plástico de lo que se conoce como «Gran Mancha de Basura del Pacífico».

La producción de 1 kg de carne produce más emisiones de efecto invernadero que un viaje de 3 horas en coche dejando todas las luces encendidas en casa.

Nuestros océanos son uno de los mayores sumideros de carbono de la Tierra, pero los barcos de pesca de arrastre de fondo perturban este importante entorno y liberan tanto CO_2 como toda la industria de la aviación.

LA CADENA ALIMENTARIA

La huella de carbono de los alimentos se ve afectada no solo por la distancia que han recorrido hasta su destino final, sino también por la cantidad de energía necesaria para producirlos. Los productos de origen animal, como la carne y los lácteos, se encuentran entre los que más recursos consumen del menú.

👍 **HAZTE VEGANO** Siguiendo una dieta vegana, vegetariana o flexitariana, puedes reducir hasta la mitad las emisiones de CO_2 asociadas a tu alimentación. Además, reducirás el agua y la tierra que se necesitan para producir tus alimentos: ¡un beneficio ético! Por cada medio kilo de carne de vacuno que evites, reducirás tu huella de carbono en hasta 6 kg de CO_2.

💲 **REDUCE EL CONSUMO DE PESCADO** Además de agotar las poblaciones de peces mediante la sobrepesca, la industria pesquera utiliza enormes cantidades de combustible para sus barcos de arrastre, y los aparejos de pesca de plástico desechados y vertidos al mar son uno de los mayores contaminantes del océano.

👍 **ELIGE BIEN LO QUE COMES** Todo lo que comemos tiene un impacto y ni siquiera una dieta vegana es perfecta. Cuando reduzcas tu consumo de carne y lácteos, intenta evitar demasiados productos procesados o que contengan aceite de palma (contribuye a la deforestación y tiene un impacto terrible en la fauna y las comunidades locales). En cuanto a la leche, elige la de avena, una de las alternativas lácteas más sostenibles.

EL COSTE MEDIOAMBIENTAL DE LA CARNE

En los últimos 50 años, la producción mundial de carne se ha quintuplicado y la cantidad que se consume por persona se ha duplicado. Esto ha supuesto una pesada carga para el medio ambiente, ya que se necesita mucha más tierra y agua, así como unas 10 veces más energía, para producir proteínas animales que vegetales. Uno de los mayores impactos de la producción de carne es la gran cantidad de metano que expulsa el ganado. El metano es unas 21 veces más potente como gas de efecto invernadero que el CO_2, y el 37% de las emisiones de metano creadas por el ser humano proceden del sector ganadero. Si a esto le añadimos los daños colaterales asociados a la deforestación para obtener pastos, la producción de fertilizantes para los cultivos de alimentación y la energía para el funcionamiento de las plantas de envasado de carne, el enorme impacto medioambiental y ético de la carne es innegable.

La compra en el supermercado puede tener un alto precio para el medio ambiente:

- Para ofrecer grandes volúmenes de productos estándar, los supermercados tienden a comprar productos a precios mínimos, a menudo de proveedores extranjeros.
- Incluso un producto cultivado relativamente cerca puede haber viajado cientos —o incluso miles— de kilómetros desde la granja hasta el punto de venta, pasando por diferentes lugares de procesamiento, envasado, almacenamiento y distribución.
- Los estrictos requisitos de aspecto uniforme hacen que a menudo se rechace un gran número de productos de cada cosecha.

Puedes evitar los costes excesivos (tanto para ti como para el medio ambiente) de comprar en los supermercados y a sus intermediarios comprando los alimentos directamente a los productores.

COMPRA DIRECTA

Ir al supermercado es una forma cómoda de abastecer la despensa, pero el impacto de las emisiones de carbono es elevado. Comprar directamente a los productores te ayudará a reducir la huella de carbono de los alimentos y ahorrar dinero.

($) **COMPRA EN UN MERCADO LOCAL** que restrinja la procedencia de los productos a la venta a un radio de 160 o incluso 80 km, en contraste con los 1.600 km de viaje del artículo medio del supermercado. O busca tiendas de productos agrícolas locales, así evitarás intermediarios y comprarás casi directamente al agricultor.

($) **COMPRA PRODUCTOS DE LA HUERTA LOCALES** que se sirven periódicamente en cajas llenas de alimentos ecológicos de temporada en un radio limitado. En muchas poblacions hay cooperativas de alimentos que ofrecen este servicio.

($) **MEJOR BUENO QUE BONITO** Al insistir en que los productos sean «perfectos», los supermercados obligan a los agricultores a desperdiciar enormes cantidades de alimentos deliciosos... y la energía necesaria para cultivarlos. Haz saber a los comerciantes locales que estás dispuesto a comprar frutas y verduras de aspecto «extraño».

Los supermercados de un país desarrollado pueden llegar a producir unos 5 millones de toneladas de gases de efecto invernadero al año.

Se calcula que por cada tonelada de plátanos enviados, se dejan 2 toneladas de fruta en las plantaciones.

Aumentar la ingesta de verduras para que todos los habitantes del país coman cinco piezas al día podría contribuir a aumentar en ocho meses la esperanza de vida media y a reducir las emisiones de gases de efecto invernadero en más de un 8%.

Los sistemas de reparto de cajas de verduras locales experimentaron un aumento de las ventas del 111% en la primavera de 2020, durante el confinamiento provocado por la pandemia del Covid-19.

El 75% de las nuevas enfermedades que afectan al ser humano provienen de los animales y de la ganadería.

En 2021 se produjo el mayor crecimiento interanual en 15 años del mercado ecológico. Con un incremento del 12,6%, solo el sector británico representa un valor de 2.790 millones de libras.

 Las patatas ecológicas tienen niveles significativamente más altos de vitamina C, magnesio, hierro y fósforo que las equivalentes no ecológicas.

 En general, las granjas ecológicas pueden llegar a contener un 85% más de especies vegetales, un 33% más de murciélagos, un 17% más de arañas y un 5% más de aves que las no ecológicas.

 El 78% de los encuestados cree que los gobiernos y la administración deberían apoyar más a los agricultores que utilizan un mínimo de pesticidas o que no los utilizan.

 Los productos ecológicos contienen menos agua que sus equivalentes convencionales, lo que significa otra ventaja para la preservación del medio ambiente.

 Entre 1990 y 2016, la superficie de tierras agrícolas tratadas con pesticidas aumentó un 63%. La tierra se somete a este tratamiento el doble de veces durante la temporada de cultivo, lo que demuestra que algo tiene que cambiar.

PRODUCTOS ECOLÓGICOS

La agricultura ecológica está experimentando un aumento de popularidad a medida que los consumidores reconocen los beneficios de los alimentos producidos sin fertilizantes ni pesticidas sintéticos. Consumen menos energía y ayudan a la biodiversidad. Además, se prescinde de los aceleradores del crecimiento de las plantas y de los aditivos para la alimentación del ganado.

($) **BEBE LECHE ECOLÓGICA** Si no puedes cambiar todos tus alimentos por los ecológicos, la leche (idealmente la vegetal) es un buen punto de partida. La leche ecológica utiliza solo un tercio de la energía necesaria para producir la versión no ecológica y contiene mayores niveles de nutrientes.

($) **BUSCA EL EQUILIBRIO** No siempre lo orgánico es la mejor opción: los productos orgánicos con mucho envoltorio y enviados por avión generan una gran huella de carbono en el camino. Intenta encontrar alimentos de temporada, locales, sin envasar ni procesar. Y si además son ecológicos, mejor aún.

($) **AYUDA A PROTEGER LA BIODIVERSIDAD** El 75% de nuestros cultivos alimentarios dependen de polinizadores como las abejas, y nuestros suelos albergan el 25% de las especies de la Tierra. Elegir productos ecológicos o cultivar los tuyos propios ayuda a proteger esta biodiversidad vital.

MUCHO SABOR, POCO CO_2
La agricultura convencional utiliza enormes cantidades de fertilizantes basados en combustibles fósiles, lo que conlleva la emisión de importantes niveles de gases de efecto invernadero tanto en su fabricación como en su aplicación. En cambio, los suelos orgánicos capturan y almacenan hasta un 30% más de CO_2 que los suelos de las explotaciones convencionales. Si todo el maíz y la soja que se cultivan en Estados Unidos se cultivaran de forma ecológica, se eliminarían de la atmósfera 250.000 millones de kg de CO_2 cada año.

Una granja ecológica de tamaño medio puede absorber la generación de CO_2 de 120 coches.

Si tienes la suerte de vivir cerca de una granja vegana local, intenta abastecerte de sus productos.

ROPA

Las rebajas pueden ser tentadoras, sobre todo porque muchas cadenas afirman tener gamas de ropa «verde». Escoge con cuidado y haz que tu ropa también ayude a minimizar las emisiones de carbono.

($) **ROPA DURADERA** Elige prendas bien hechas que realmente te gusten y que puedas usar durante años. Opta por la ropa vintage; es más barata y a menudo está mejor hecha.

👍 **INTERCAMBIO** En lugar de gastar en ropa nueva, puedes organizar una fiesta de intercambio de ropa con tus amigos.

👍 **ARREGLAR UN DESCOSIDO** Repara (o haz reparar) la ropa que haya sufrido un desperfecto en lugar de tirarla a la basura. O, cuando ya no te sirva, conviértela en una prenda nueva. Seguro que cerca de tu casa hay un taller textil donde te arreglarán cualquier desperfecto que tú no sepas remendar.

♻ **RECICLA LA ROPA** que ya no se pueda
👍 volver a usar o reparar. Se pueden triturar y convertir en nuevos artículos a través de un programa de reciclaje textil.

👍 **OJO CON LAS MICROFIBRAS DE PLÁSTICO**
($) Aunque la ropa fabricada con botellas de plástico recicladas o residuos marinos es un brillante ejemplo de reciclaje, recuerda que cualquier fibra de plástico desprende microplásticos nocivos. Protege los cursos de agua utilizando una bolsa Guppyfriend, que atrapa las microfibras cuando salen de tu ropa en la lavadora.

ROPA CON BAJA EMISIÓN DE CO_2
Busca artículos fabricados con los siguientes tipos de fibra ecológica:

- Materiales reciclados: las chaquetas de vellón pueden fabricarse con plástico, las zapatillas deportivas con tela vaquera y neumáticos de coche, y los bolsos con cáscaras de naranja y hojas de piña, que de otro modo se desperdiciarían.
- Algodón orgánico, yute, corcho y lino.
- Fibra de bambú o de cáñamo: ambas son plantas de crecimiento natural rápido que absorben niveles de CO_2 superiores a la media y requieren pocos fertilizantes y pesticidas.

Por el contrario, hay que evitar los tejidos sintéticos como el nailon y el poliéster, que se fabrican con productos petroquímicos en procesos que consumen mucha energía. La fabricación de nailon produce óxido nitroso, un gas de efecto invernadero 310 veces más potente que el CO_2.

Una hectárea de bambú absorbe hasta 2 toneladas de CO_2 cada año.

Lava la ropa a baja temperatura y evita la secadora (ver pág. 72). De este modo, tu ropa durará más tiempo (y ahorrarás electricidad, por supuesto).

Usar una prenda de ropa durante 9 meses más de lo habitual reduce la huella de carbono, residuos y gasto de agua hasta en un 30%.

Si cada británico comprara un artículo de lana reciclada al año en lugar de uno nuevo, el ahorro de energía global equivaldría a 4.500 millones de días del consumo de electricidad de una familia media.

Se necesita 10 veces más energía para fabricar 1 tonelada de textiles que la misma cantidad de vidrio.

El algodón no orgánico es el cultivo más contaminante del mundo, ya que representa hasta una cuarta parte de todo el uso de productos agroquímicos, incluyendo 50.000 toneladas de pesticidas cada año.

MENOS ES MÁS

El comprador occidental medio añade más de 3 toneladas de CO_2 a su huella de carbono cada año simplemente por comprar cosas. Si no se realiza una «evaluación del ciclo de vida» completa, que examine los impactos de cada etapa de la vida de un producto, es muy difícil calcular la huella de carbono relativa de los distintos artículos. Pero, en general, cuando se trata de reducir la huella de carbono, menos es más. Además de evitar los artículos excesivamente envasados y comprar productos de proximidad (a ser posible ecológicos), comprar menos cosas, más duraderas, reutilizarlas y repararlas, y comprarlas de segunda mano cuando sea posible, puede reducir drásticamente el impacto de tus hábitos de compra. En la naturaleza no existen los residuos: todo material natural, una vez que ha cumplido una función, es útil de otra manera. El fácil acceso a una gran cantidad de productos nos hace olvidar este principio básico, y tiramos el 80% de los

COMPRAR MENOS

Todo lo que compras en las tiendas, desde los rábanos hasta las pinzas para la ropa, ha requerido energía para su cultivo o extracción, fabricación, envasado, transporte y venta. Por eso, si buscas formas de frenar tu consumo, puedes reducir tu huella de carbono.

👍 **COME ANTES DE IR A COMPRAR ALIMENTOS** Los estudios demuestran que esto ayuda a reducir la cantidad de comida que se compra.

💲 **PIENSA A LARGO PLAZO** Invertir en bienes duraderos de alta calidad es más barato a largo plazo y menos derrochador que comprar versiones baratas de usar y tirar.

💲 **COMPRA SERVICIOS EN LUGAR DE PRODUCTOS**, como los servicios de alquiler de equipos de oficina para que los fabricantes produzcan productos duraderos y actualizables en lugar de otros que queden obsoletos en pocos años.

💲 **ASEGÚRATE DE QUE LAS COSAS NUEVAS DUREN** Comprueba que los elementos de hardware pueden repararse fácilmente y que el fabricante suministrará piezas de repuesto. Merece la pena invertir un poco más en productos con mayores garantías.

EVITA LOS DESECHOS, que invariablemente tienen un alto impacto en las emisiones de carbono. Por ejemplo: cubre los alimentos con un plato, una tapa o un envoltorio reutilizable en lugar de papel de aluminio o film transparente; utiliza trapos y paños de cocina en lugar de papel de cocina; compra cubiertos y vajilla resistentes y reutilizables, no de plástico, para las barbacoas y los picnics; lleva bolsas reutilizables y una bolsa o carrito de la compra cuando vayas a comprar; en el baño y aseo personal utiliza productos reutilizables como la maquinilla de afeitar, toallitas lavables para la cara y una copa o braga menstrual; y cuando salgas a caminar, lleva siempre una botella de agua reutilizable.

MÍMATE SIN DAÑAR AL MEDIO AMBIENTE
Los masajes, los tratamientos de belleza y las entradas para los conciertos son grandes caprichos libres de basura.

ARREGLA LAS COSAS en lugar de tirarlas a la primera señal de desgaste o mal funcionamiento. Busca reparadores especializados en tu barrio, o aprende tú mismo una nueva habilidad, como la tapicería o la reparación de muebles. Puede que incluso haya un taller de reparaciones local o un proyecto comunitario de restauración cerca de tu casa.

DALE UNA NUEVA VIDA A LO QUE NO QUIERAS Intenta vender los objetos que no quieras en internet (por ejemplo, en Wallapop o eBay), donarlos a una ONG o intercambiarlos con los vecinos a través de un proyecto de intercambio comunitario. Hay foros en internet que también pueden ayudarte a encontrar cosas que necesitas.

productos manufacturados que compramos en los seis meses siguientes a su adquisición. Además de reducir la cantidad que se compra, hay que tratar de encontrar el mayor número posible de usos para todo lo que se ha comprado antes de tirarlo.

CINCO PRINCIPIOS BÁSICOS
Al considerar una compra, ten en cuenta cinco principios: rechazar (decir no a lo nuevo), ser sostenible (evitar lo desechable), reutilizar (nuevas formas de usar lo que ya tienes), reciclar (hacerlo si los otros principios no son factibles) y pudrir (compostar la materia natural).

De los objetos domésticos que se tiran a la basura, una media del 40% no se puede reparar, el 20% necesita arreglos y el 40% sigue siendo perfectamente utilizable.

COMPRAS ONLINE MÁS ECOLÓGICAS

Cuando no puedes adquirir cerca de tu casa algunos productos que necesitas, la compra de productos en línea puede ser una forma de comprar respetuosa con el medio ambiente y que te permitirá ahorrar tiempo. Cuando compres por internet, minimiza tu impacto ambiental de las siguientes maneras:

- Evita solicitar la entrega al día siguiente, ya que esto requiere viajes de entrega individualizados que consumen energía.
- Combina pedidos con amigos, familiares y colegas para ahorrar en gastos de envío y desplazamientos innecesarios.
- Haz que los pedidos se entreguen en tu lugar de trabajo, donde siempre pueden ser aceptados; esto evita que los artículos tengan que ser reenviados si no estás en casa cuando llegan.
- Calcula las tallas o las especificaciones antes de hacer el pedido para evitar las emisiones de las devoluciones.
- Elige empresas independientes que utilicen embalajes y entregas respetuosos con el medio ambiente.

COMPRAS Y SERVICIOS POR INTERNET

Aprovecha la gran variedad de servicios disponibles en línea para reducir las emisiones de los desplazamientos a las tiendas y puntos de venta al por menor, y ahórrate tiempo y dinero. Eso sí, ¡recuerda apagar el dispositivo cuando hayas terminado!

GESTIONA TUS FINANZAS EN LÍNEA El pago de facturas y las operaciones bancarias en línea ayudan a evitar el uso innecesario de energía derivado de la producción de papel, la impresión, el franqueo y la eliminación de residuos. Además, generan mucho menos papeleo que desordene tu casa.

INVIERTE EN INDEPENDENCIA Gasta tu dinero de forma inteligente eligiendo comercios independientes, de proximidad y éticos, obviando las grandes marcas y macrodistribuidores.

OPTA POR LAS DESCARGAS Usa en línea o descarga música, televisión y películas en lugar de comprar CD y DVD de plástico, o busca discos de segunda mano.

Solo el 6-8% de las prendas compradas en una tienda física se devuelven, frente al 30% de los pedidos en línea.

 El 20% de las devoluciones de compras en línea acaban en el vertedero porque el minorista no puede revenderlas.

 Si todos los estadounidenses recibieran y pagaran sus facturas por internet, ahorrarían 18,5 millones de árboles destinados a la fabricación de papel al año.

 ¿Comprar alimentos en línea es más ecológico? Depende. Sopesa el método de refrigeración, el embalaje y el tipo de transporte de tu empresa de reparto y compáralo con el de tu tienda local, el supermercado o la tienda que elijas.

 Cambia tus contraseñas en línea con regularidad y desecha los mensajes de correo electrónico no solicitados que dicen ser de tu banco y que te solicitan información confidencial, como tu D.N.I. o tu cuenta bancaria.

 De promedio, las compras en línea tienen una menor huella de carbono, pero eso no tiene en cuenta el impacto de las devoluciones.

 Una ronda de entrega de una furgoneta de reparto del supermercado puede eliminar la necesidad de 20 viajes distintos en coche al súper.

Los envases incrementan alrededor de un 7% los precios de los artículos del supermercado.

Las latas fabricadas con aluminio reciclado, en lugar de nuevo, utilizan un 95% menos de energía durante su producción.

Una bolsa robusta y reutilizable solo tiene que usarse 11 veces para tener un menor impacto ambiental que el uso de 11 bolsas de plástico desechables.

Una persona podría reducir sus emisiones de carbono en 540 kg al año si redujera su consumo de envases desechables en un 10%.

Hoy, solo el 14% del plástico producido se recoge para su reciclaje y solo el 5% se recicla con éxito.

Da a conocer tus sentimientos desenvolviendo las compras excesivamente empaquetadas y devolviéndolas a los fabricantes con una carta.

MENOS ENVOLTORIOS

Es probable que una parte importante del contenido de los residuos de tu hogar consista en envases de alimentos. Antes de pensar en el reciclaje (ver págs. 107-109), asegúrate de evitar la mayor cantidad posible de residuos cada vez que hagas la compra.

($) **COMPRA ARTÍCULOS NO PERECEDEROS Y SECOS**, como el arroz, las lentejas y la pasta, a granel. Un paquete grande requiere para su producción menos energía que muchos pequeños. Mejor aún, cómpralos a granel y ponlos en tus propios recipientes reutilizables.

($) **ELIGE PRODUCTOS QUE SE VENDAN EN ENVASES REUTILIZABLES** y haz el esfuerzo de reutilizarlos. Pide a tus marcas y tiendas favoritas que dispongan de este tipo de envases si aún no lo hacen.

👍 **RETORNA EL EXCESO DE EMBALAJE** Da a conocer tu disgusto desenvolviendo las compras excesivamente empaquetadas y devolviéndolas a sus fabricantes con una carta explicativa.

👍 **NO TE PASES CON EL PAPEL DE ALUMINIO** La producción de aluminio consume muchos recursos y energía. Por ello, utiliza el papel de aluminio con moderación, reutilizándolo siempre que sea posible, y elige papel de aluminio reciclado. Después, recíclalo para recuperar los valiosos recursos que contiene.

QUE LAS BOLSAS DESECHABLES PASEN A LA HISTORIA
Desde que en julio de 2018 en España se prohibió a los comercios dispensar bolsas de plástico gratis, su uso se redujo, solo en un año, en más de un 20%. Los beneficios ya han empezado a manifestarse, ya que los científicos han encontrado un 30% menos de bolsas de plástico en el fondo del mar. Antes de la prohibición, una persona media utilizaba entre 140 y 180 bolsas de plástico al año. A pesar de que las investigaciones mostraban que el hogar medio ya tenía 40 bolsas de plástico, su uso había seguido aumentando. Se necesitan 11 barriles de petróleo para producir 1 tonelada de bolsas de plástico, pero las bolsas de papel no son mucho mejores: se necesitan 17 árboles para producir 1 tonelada. Lleva tus propias bolsas de tela cada vez que hagas la compra. Utilizar tu propia bolsa en lugar de unas modestas cuatro bolsas de plástico desechables a la semana reducirá tu huella de carbono anual en unos 8 kg. Las bolsas compostables certificadas hechas de

almidón de maíz o de patata son una mejor opción que las bolsas de plástico normales. En las condiciones adecuadas, se descomponen en elementos inofensivos en lugar de permanecer durante cientos de años como sus homólogas petroquímicas. Sin embargo, su fabricación sigue utilizando grandes cantidades de energía y otros recursos, por lo que es mucho mejor optar por una bolsa reutilizable siempre que sea posible.

($) **EVITA LOS ENVASES FABRICADOS CON MEZCLAS** Materiales como el plástico, el papel de aluminio o los tetrabriks son más difíciles de reciclar.

👍 **REUTILIZA LOS ENVASES DE PLÁSTICO** de las comidas para llevar o de los alimentos comprados en la tienda.

($) **EVITA LAS CÁPSULAS DE CAFÉ** El envasado y el procesamiento que conllevan supone una enorme huella medioambiental: una cápsula de café individual tiene 10 veces más envases que el café equivalente vendido a granel.

👍 **EMPAQUETA TU PROPIO ALMUERZO** en recipientes reutilizables. Ahorrarás dinero y evitarás generar 200 gramos o más de envases vacíos de yogur en porciones individuales, briks de zumo y bolsas de sándwich cada día.

($) **EVITA EL POLIESTIRENO**, que se fabrica a partir de productos petroquímicos y no se biodegrada; además, al ser tan voluminoso, su transporte y procesamiento son caros, por lo que es poco probable que se pueda generalizar su reciclaje.

👍 **OPTA POR LAS EMPRESAS** que han cambiado a envases más compactos, biodegradables o reciclados.

RECICLAJE

Todo lo que tiras tiene una huella de carbono, creada a través de su producción y, en última instancia, de su eliminación. Así que intenta reducir la cantidad de cosas que tiras, comprando menos y reutilizando cosas, y siguiendo los cinco principios básicos de la pág. 101 en la medida de lo posible.

👍 **EVITA EL CORREO COMERCIAL** Un adulto medio recibe 19 kg de correo no solicitado al año. Inscríbete en un servicio de correo preferente, indicando que no deseas recibir folletos «puerta a puerta», y marca siempre la casilla «no comunicar mi dirección» al rellenar los formularios.

👍 **COMPARTE PERIÓDICOS Y REVISTAS** con colegas o vecinos en lugar de comprar siempre los tuyos, e intenta encontrar un segundo uso para ellos —por ejemplo, como papel de regalo— antes de reciclarlos.

👍 **UTILIZA LAS HOJAS DE PAPEL POR LAS DOS CARAS** Cada tonelada de papel reutilizado o reciclado evita la emisión de más de 1 tonelada de CO_2. Utilizando las dos páginas del papel de escribir ayudarás a evitar que 3 m^3 de residuos vayan a parar a los vertederos, a ahorrar energía suficiente para iluminar un hogar medio durante seis meses y a evitar que se talen 17 árboles, ocupados en absorber CO_2.

👍 **RECICLA EL VIDRIO** El reciclaje de una sola botella de vidrio ahorra energía suficiente para alimentar un televisor durante 90 minutos.

LOS BENEFICIOS DEL RECICLAJE

El reciclaje ayuda a reducir las emisiones de gases de efecto invernadero de muchas maneras, algunas menos obvias que otras:

- Haz que los residuos orgánicos no terminen en el vertedero, evitando así la producción de metano (un gas de efecto invernadero 21 veces más potente que el CO_2), que se libera cuando la materia orgánica se descompone anaeróbicamente (sin oxígeno).

- Reduce la incineración y las emisiones de gases de efecto invernadero procedentes de la combustión de los residuos.

- Ahorra energía: reutilizar productos o fabricarlos con materiales reciclados en lugar de vírgenes requiere menos energía para su extracción, transporte, procesamiento y fabricación, por lo que se emite menos CO_2. Por ejemplo, el vidrio reciclado utiliza hasta un 50% menos de energía, los productos de papel reciclado alrededor de un 60-70% menos de energía, y el aluminio reciclado la friolera de un

95% menos de energía que sus equivalentes fabricados con materiales vírgenes.

- Reduce el uso del papel. Las plantas absorben el CO_2 de la atmósfera y lo almacenan, un proceso llamado secuestro de carbono. La prevención de generación de residuos y el reciclaje de productos de papel permiten que más árboles permanezcan en pie en el bosque, donde pueden seguir eliminando CO_2 de la atmósfera.

Hasta el 80% de la cantidad media de residuos domésticos puede reciclarse. Por cada kilo de residuos que recicles, puedes reducir las emisiones de CO_2 en al menos la misma cantidad. Si aún eres derrochador, reducir y reciclar podría disminuir tu huella de carbono anual en hasta 1 tonelada.

RECICLA LAS BOTELLAS DE PLÁSTICO El plástico es difícil de reciclar, ya que se presenta en muchas formas diferentes, o polímeros. Pero como se prevé que en 2030 un tercio de la producción mundial de petróleo esté vinculada a los plásticos, debemos hacer lo que podamos. Evita el plástico de un solo uso siempre que sea posible y reduce, recicla y reutiliza tus plásticos. Las botellas de plástico PET (identificadas con un número 1 dentro de un triángulo) son un buen punto de partida: reciclar una sola ahorra suficiente energía para alimentar una bombilla fluorescente compacta de 14 W durante más de 25 horas.

ECONOMIZAR EN EL RECICLAJE Producir una lata de aluminio a partir de material reciclado requiere solo el 5% de la energía necesaria para fabricarla a partir de materias primas vírgenes: el reciclaje de una sola lata ahorra energía suficiente para hacer funcionar un ordenador durante 3 horas.

RECICLA LO «NO RECICLABLE» Lleva al punto verde (centro de reciclaje) de tu zona artículos como los envases de plástico de las pastillas, las lentes de contacto, las pilas gastadas, las bombillas fundidas y los cabezales de los cepillos de dientes eléctricos.

COMPRA PRODUCTOS RECICLADOS, como el papel reciclado o el papel higiénico, el papel de aluminio reciclado y la ropa fabricada con fibras recicladas.

COMPROMETE A LOS FABRICANTES Pide a tus proveedores habituales que diseñen envases sin envoltorios superfluos y que puedan ser reutilizados y/o reciclados.

En Estados Unidos, la cantidad de aluminio que se tira podría servir para reconstruir toda la flota aérea comercial del país cada tres meses.

Se necesita un 70% menos de energía para reciclar el papel que para hacerlo nuevo a partir de las materias primas.

Cada año, el Reino Unido necesita un bosque del tamaño de Gales para suministrar todo su papel.

Un cubo de basura medio contiene la energía no utilizada equivalente a 500 baños al año.

La industria mundial del aluminio utiliza tanta energía eléctrica como todo el continente africano.

8 millones de toneladas de los plásticos del mundo terminan en nuestros océanos cada año, creando una «isla» de basura tres veces el tamaño de Francia.

Al reciclar solo dos botellas de vidrio se ahorra la energía suficiente para hervir agua y preparar cinco tazas de té.

Recuerda tener en cuenta los cinco principios básicos: rechazar, ser sostenible, reutilizar, reciclar y pudrir (ver pág. 101).

NIÑOS

CUIDADO DEL BEBÉ

Es un tema delicado, pero tener hijos aumenta enormemente nuestro impacto en el planeta, sobre todo en Occidente, donde nuestra huella de carbono ya es enorme. Si tienes hijos, edúcalos para que piensen en el medio ambiente y reduzcan su huella de carbono.

👍 **LECHE SIN ENVASES** La leche materna es más saludable, no solo para tu bebé, sino también para el medio ambiente. Viene sin ningún tipo de envase ¡y no requiere de energía fósil para su elaboración!

👍 **ELABORA TU PROPIA COMIDA BIOLÓGICA PARA BEBÉS** utilizando frutas y verduras cultivadas en tu entorno (o en casa). Un puré casero de fruta y verdura congelado en pequeños recipientes durará mucho tiempo. Será más fresco, más barato y más sabroso que las versiones compradas, y es rápido y fácil de hacer.

($) **PRESTAR, TOMAR PRESTADO E INTERCAMBIAR MATERIAL PARA BEBÉS** A los bebés les queda pequeña la ropa y otros complementos a un ritmo alarmante, normalmente mucho antes de que se deteriore. A menudo se pueden encontrar gangas y ropa y accesorios casi nuevos en tiendas de segunda mano y en sitios web como Wallapop y eBay.

Los estudios sugieren que alrededor del 70% de los padres se interesan más por las cuestiones medioambientales tras el nacimiento de su bebé.

Si todos los niños de Estados Unidos fueran alimentados con biberón, se necesitarían casi 86.000 toneladas de hojalata para producir 550 millones de latas de leche en polvo cada año.

Los pañales desechables tardan hasta 500 años en descomponerse, y se necesita una taza de petróleo para producir el plástico de un solo pañal: total, se emplean unos 8 barriles de petróleo por niño.

En los Países Bajos, los pañales desechables se compostan en plantas industriales y el metano resultante se recoge para utilizarlo como combustible.

El uso de pañales reutilizables durante los dos años y medio que utiliza un bebé genera unos 570 kg de gases de efecto invernadero; el uso de pañales desechables genera unos 650 kg.

Los servicios de lavado de pañales utilizan alrededor de un 30% menos de energía y un 40% menos de agua que el lavado doméstico.

Utiliza toallitas lavables para bebés —compradas o hechas en casa con tela vieja— en lugar de las desechables.

Los bebés suelen gastar más de 5.000 pañales antes de aprender a ir al baño.

En España, la industria del juguete genera una facturación anual cercana a los 1.000 millones de euros al año.

 Los estadounidenses compran unos 5.000 millones de pilas y producen unas 150.000 toneladas de residuos de pilas al año.

Busca juguetes diseñados para educar e inspirar a los niños sobre cómo reducir la emisión de carbono, como, por ejemplo, kits de energía solar de bricolaje y modelos de coches de hidrógeno.

 El niño estadounidense medio recibe 69 juguetes nuevos cada año.

JUGUETES

Piénsalo bien antes de comprar el último juguete de moda y de corta duración para tus hijos: quizá haya algo mucho más sencillo y duradero, que les resulte más divertido y sea menos dañino para el planeta.

($) **COMPRA JUGUETES DE SEGUNDA MANO** Echa un vistazo a eBay, Wallapop, Freecycle, Facebook y otras plataformas o a los anuncios clasificados de tu localidad para encontrar gangas casi nuevas.

($) **LA MADERA ES BUENA** Compra juguetes de madera. Durarán mucho más que los de plástico barato.

👍 **INTERCAMBIO DE JUGUETES** Mira si en tu barrio existe algún centro o círculo de intercambio de juguetes. Así tendrán más oferta y se aburrirán menos. También puedes crear tu propio círculo de intercambio con amigos que tengan hijos.

👍 **ESTIMULA LA IMAGINACIÓN DE TU HIJO** dándole objetos cotidianos como cajas de cartón, recortes de tela, conchas o trozos de madera para que cree sus propios juguetes o los incorpore a proyectos de manualidades. Seguro que le proporcionarán más horas de diversión que los juguetes fabricados.

JUGUETES ELECTRÓNICOS
Los juguetes electrónicos, muy solicitados por la infancia moderna, suelen estar fabricados con plásticos de origen petroquímico. Crean importantes emisiones de carbono en su fabricación y producen aún más en su uso y eliminación. Si tu hijo está realmente desesperado por un juguete electrónico:

- Intenta elegir uno que esté bien hecho y que no se rompa en unas pocas semanas.
- Lo ideal es encontrar un juguete o juego que pueda ser variado o mejorado (por ejemplo, una consola que reproduzca varios juegos diferentes que puedan intercambiarse con los amigos).
- Mejor opta por un juego de pilas recargables y compra un cargador, idealmente solar.
- Enseña a tu(s) hijo(s) a apagar el juguete siempre que no lo esté utilizando.

¡LA BICICLETA MOLA!

Tanto caminar como ir en bicicleta son excelentes para evitar emisiones de carbono innecesarias, a la vez que ayuda a que tus hijos estén en forma y saludables, y se diviertan.

- Enseña a tus hijos a montar en bicicleta. Cada viaje de 6 km en bicicleta, en lugar de en coche, evita alrededor de 1 kg de emisiones de CO_2 y fortalece el corazón: las investigaciones demuestran que los ciclistas habituales tienden a estar tan en forma como las personas 10 años más jóvenes que no hacen ejercicio con regularidad.

- Si temes por tu seguridad o la de tus hijos al ir en bicicleta por la carretera, apúntaos a un curso de perfeccionamiento de ciclismo en familia para mejorar vuestras habilidades y la conciencia vial.

- Organiza paseos familiares en bicicleta o a pie durante tu tiempo libre y explora nuevas zonas de los alrededores de tu casa, así como focos de flora y fauna, que nunca sabrías que existen si estuvieras sentado en un coche.

BUENOS HÁBITOS

Evita asustar a tus hijos con historias de terror apocalípticas sobre los enormes desafíos a los que se enfrenta el planeta; en su lugar, ayúdales a entender cómo reducir su huella de carbono enseñándoles algunos buenos hábitos.

👍 **ESFUERZO EN EQUIPO** Pon a tus hijos a cargo de algunas tareas de reducción de carbono en el hogar —por ejemplo, comprobar que las luces y los electrodomésticos están apagados, ocuparse del compostaje o clasificar los residuos para su reciclaje— y recompénsalos por hacerlo bien. Si conviertes estas tareas en actividades agradables, es probable que los hábitos duren toda la vida.

👍 **ANIMA A TUS HIJOS A HACER DE JARDINEROS** Proponles cultivar algunas de sus frutas y verduras favoritas desde cero, y en un lugar muy concreto. Cultiva fresas en macetas, planta tomates en bolsas de cultivo o siembra una parcela de semillas para ensaladas.

👍 **CLASE MAGISTRAL DE COCINA** Enseña a tus hijos qué hacer con los productos cultivados por ellos pidiéndoles que te ayuden a preparar comidas nutritivas elaboradas con ingredientes frescos y utilizando técnicas de bajo consumo (ver págs. 53-54). Enseñar a tus hijos a cocinar les hará menos propensos a recurrir a comidas preparadas excesivamente procesadas y envasadas cuando se emancipen.

🚲 **AYUDA A QUE TU HIJO VAYA A LA ESCUELA EN BICICLETA** En Dinamarca, el 60% de los niños van a la escuela en bicicleta. Anima a la escuela de tu barrio a avanzar hacia este objetivo invitándoles a crear espacios donde los alumnos y el profesorado puedan aparcar sus bicis.

👍 **ID A PIE A LA ESCUELA** Habla con tus vecinos para llevar juntos a vuestros hijos a la escuela a pie en lugar de ir cada uno en su coche. Eso mantendrá a vuestos hijos sanos, les ayuda a socializar y reduce el número de coches en la carretera, haciendo la vida más segura para todos.

👍 **MENOS JUGUETES, LA MISMA DIVERSIÓN** Anima a tus hijos a divertirse al aire libre y sin juguetes: planta árboles con ellos o enséñales juegos sencillos como la rayuela o el escondite. Los estudios demuestran que los niños que juegan regularmente en entornos naturales son más sanos, más ágiles y mejor coordinados que los que juegan dentro de casa.

- Lleva a tus hijos al colegio en bicicleta o a pie. Con el metabolismo activado y el aire fresco en los pulmones, estarán más en forma y alerta que sus compañeros que vayan en coche. Además, si no utilizas el coche, evitarás aumentar las emisiones de CO_2 y los atascos. Si cambias el coche por un trayecto escolar sin emisiones de carbono, evitarás unos 30-40 kg de emisiones al mes en un viaje de ida y vuelta de 5 km dos veces al día.

En muchos países, a las 8.50 horas, uno de cada cinco coches que circulan por la ciudad lleva a los niños al colegio.

TRABAJO

AHORRA ENERGÍA

Solo un 15% de los 250.000 millones de dólares de energía que utilizan los ordenadores de todo el mundo cada año se gasta realmente en computación: el resto se desperdicia en reposo. Utiliza tu ordenador de forma inteligente para minimizar su consumo de electricidad:

- Configura tu dispositivo para que entre en modo de ahorro de energía después de 10 minutos de inactividad; esto podría reducir su uso de energía en un 60-70%.
- Apaga tu dispositivo si no vas a utilizarlo durante más de 1 o 2 horas: es un mito que los ordenadores consumen mucha energía al encenderse.
- No lo dejes encendido toda la noche, o gastarás suficiente energía para imprimir con láser unas 800 páginas A4.
- Desenchufa el ordenador al final del día: consume una pequeña cantidad de electricidad (unos 8W) incluso cuando está totalmente apagado.

TECNOLOGÍA

Puede que los ordenadores sean grandes inventos, pero nuestra dependencia de ellos se está convirtiendo rápidamente en una lacra medioambiental: en todo el mundo, la industria de las tecnologías de la información representa alrededor del 3,7% de las emisiones de CO_2.

(\$) **ELIGE UN MODELO** que pueda actualizarse o repararse fácilmente y que, por tanto, sea menos probable que se quede obsoleto en un abrir y cerrar de ojos.

(\$) **HAZ QUE TU PRÓXIMO ORDENADOR SEA PORTÁTIL**, consumirá hasta un 90% menos de energía que un ordenador de sobremesa.

(\$) **TODO ESTÁ A UN CLIC** Cada acto que realizamos en línea tiene un impacto. La energía necesaria para el funcionamiento de tu dispositivo, y para alimentar las redes, los centros de datos y los grandes servidores, todo suma. Trata de no exigir mucho a la red, de modo que puedes subir vídeos solo cuando estés conectado a una red wifi, reducir los correos electrónicos con archivos adjuntos de gran tamaño y utilizar un motor de búsqueda ético como Ecosia.

👍 **DALE UNA SEGUNDA VIDA** Cuando realmente ya no sean útiles, regala tu ordenador, tableta o teléfono a una de las muchas organizaciones que se dedican a reparar y rehabilitar los equipos informáticos para que sean reutilizados por entidades sin ánimo de lucro, como escuelas o asociaciones benéficas.

Un correo electrónico de spam genera 0,3 gramos de CO_2eq (CO_2 equivalente), mientras que el correo electrónico o el mensaje de WhatsApp medio, 4 gramos de CO_2eq, y los que llevan adjuntos grandes o fotos llegan a generar 50 gramos de CO_2eq. Piénsatelo antes de enviar cosas inútiles.

Las videoconferencias, como las de Zoom, producen solo el 7% de las emisiones que las reuniones presenciales.

Navegar por internet en un teléfono a través de una red móvil consume al menos el doble de energía que si se utiliza a través del wifi.

Solo el plástico de cada sistema de PC requiere unos 7 litros de petróleo crudo para su fabricación.

Si todos los adultos de un país enviaran un correo electrónico de agradecimiento menos, se podrían ahorrar más de 16.000 toneladas de carbono al año, el equivalente a retirar más de 3.000 coches diésel de la carretera.

Si actualizas tu ordenador actual en lugar de comprar uno nuevo, ahorrarás unos 250 kg de combustible fósil.

La producción de un PC medio requiere unas 1,8 toneladas de productos químicos, combustibles fósiles y agua, genera unos 100 kg de CO_2 al año y se desecha al cabo de 3 años.

El 60% del tráfico mundial de internet y aproximadamente el 1% de las emisiones globales proceden de ver vídeos en línea.

La industria papelera es el mayor consumidor industrial de agua. Se necesitan 300 litros de agua para fabricar 1 kg de papel.

 El español medio utiliza unos 175 kg de papel al año y solo el 40% se recicla.

 Busca fotocopiadoras con función de autoapagado. Esto podría reducir su consumo de energía hasta en un 60%.

 Las impresoras de inyección de tinta consumen entre 10 y 15 W, pero las impresoras láser consumen entre 60 y 100 W. Incluso en modo espera, las impresoras láser pueden consumir entre el 30 y el 35% de su potencia máxima.

 Los cartuchos de tóner de la impresora pueden reutilizarse hasta siete veces.

 Si todo el mundo trabajara desde casa un día a la semana, se ahorraría el 1% del petróleo usado en todo el mundo para el transporte por carretera cada año. Aunque esto aumenta nuestro consumo de energía en casa, ahorraría el equivalente a las emisiones anuales de CO_2 de toda el área metropolitana de Londres.

SUMINISTROS DE OFICINA Y EQUIPOS

Piensa detenidamente en cómo utilizas el equipo inteligente de tu oficina para asegurarte de que tu jornada de ocho a tres sea lo más eficiente y respetuosa con el medio ambiente posible.

👍 **COMPARTIR EQUIPOS** Si tu empresa comparte espacio de oficina con otras, organizaos para compartir los equipos más grandes, como las fotocopiadoras.

💲 **SI NECESITAS UNA IMPRESORA NUEVA, COMPRA UN MODELO DUPLEX**, que imprime por las dos caras, reduciendo el uso de papel a la mitad y el consumo de energía en un 25% aproximadamente. Elige una impresora de inyección de tinta, si es posible, ya que consumen mucha menos energía que las impresoras láser. Si necesitas una impresora láser, elige una con función de ahorro de energía; esto reduce el uso de energía cuando está en reposo en más de un 65%.

💲 **COMPRA CARTUCHOS DE IMPRESORA RECICLADOS** De este modo, evitarás el gasto de aproximadamente un litro de aceite por cartucho.

💲 **PUNTOS DE RECICLAJE EN LA OFICINA** Alrededor del 70% de los residuos de oficina son reciclables. Anima a tu empresa a proporcionar suficientes puntos de reciclaje, como contenedores separados para papel, plástico, residuos de alimentos y aluminio.

AHORRAR PAPEL

En teoría, muchas oficinas son ahora «sin papel», lo que anima a la gente a comunicarse a través del ordenador en lugar de la palabra impresa. Pero, en realidad, el papel sigue representando más del 70% de los residuos de oficina. Por eso hay que intentar aprovechar al máximo cada hoja de papel:

- Utiliza las dos caras del papel: gastarás la mitad del volumen de madera y otros recursos utilizados para fabricarlo, reduciendo las emisiones de CO_2 en 2,5 kg por cada kilo de papel que ahorres.
- Compra papel reciclado para impresoras y otros artículos de papelería: evitarás más de 2 kg de emisiones de CO_2 con cada resma.
- Antes de enviar un documento a imprimir, activa el corrector ortográfico y verifica la configuración de impresión cuidadosamente para minimizar las impresiones desperdiciadas.
- Lee los correos electrónicos en la pantalla: no los imprimas a menos que sea realmente necesario, y entonces imprime solo la sección que necesites.

¿POR DÓNDE EMPEZAMOS?

Si tienes la suerte de trabajar en una organización con políticas medioambientales exhaustivas, asegúrate de conocerlas y de contribuir a que funcionen; de lo contrario, no son más que otro trozo (desperdiciado) de papel. Si tu empresa está en una fase menos avanzada, lo primero que debería hacer es llevar a cabo un estudio del carbono para cuantificar la naturaleza y la escala de sus impactos. Para ello, debes examinar el gasto interno de la energía (mediante medidores de gasto de energía en diferentes tipos de equipos y analizando las facturas de energía) y otras actividades generadoras de CO_2, como los viajes, el servicio de catering y los pedidos de material de oficina. Existen organizaciones especializadas en la determinación de la huella de carbono que pueden ayudar en esta contabilización; además, las empresas pueden adherirse a sistemas como WWF Green Office. Una vez que tu empresa conozca la naturaleza del reto al que se enfrenta,

AHORRO DE ENERGÍA EN LA EMPRESA

No limites el ahorro energético a casa. Tu empresa podría ahorrar enormes cantidades de energía a través de programas de reducción de carbono; en tu mano está ayudar a conseguirlo.

APAGAR LAS LUCES Y LOS EQUIPOS CUANDO NO SE USEN Para suplir el olvido humano, muy habitual en las oficinas, instalad un software de apagado automático del PC con modo de ahorro de energía y sensores de movimiento para garantizar que las luces estén en funcionamiento solo cuando se necesiten. Cerrad los programas cuando no se utilicen, atenuad las pantallas y sustituid los salvapantallas por el modo de espera, para ahorrar energía y dinero.

CALEFACCIÓN Y REFRIGERACIÓN INTELIGENTES Analiza con detenimiento el modo en que tu empresa calienta y refrigera sus instalaciones y sugiere formas de ahorrar energía y dinero. Por ejemplo, es un derroche calentar o enfriar el archivo o los pasillos, mantened las puertas cerradas y cambiad la calefacción rígida estacional por un sistema «inteligente», que consiga una temperatura no excesivamente diferente a la del exterior, y se reduzca los fines de semana, por la noche y en vacaciones.

DESPLAZAMIENTOS DE BAJO CONSUMO Pide a tu empresa que ayude a los trabajadores a consumir menos energía en sus desplazamientos hacia la oficina organizando coches compartidos (ver pág. 144), animándolos a trabajar desde casa, proporcionando duchas y aparcamiento seguro para bicicletas y reduciendo gradualmente las plazas de aparcamiento.

VIDEOCONFERENCIAS La próxima vez que tengas que hacer un largo viaje para asistir a una reunión corta, piensa bien si realmente necesitas estar allí en persona. Las videoconferencias ahorran dinero y tiempo, y evitan los desplazamientos que emiten carbono.

ENVÍO DE PAQUETES EN BICICLETA Realiza las entregas de paquetes por la ciudad de forma rápida y limpia utilizando un servicio de mensajería en bicicleta. Las bicis, totalmente neutras en cuanto a emisiones de carbono, pueden desplazarse entre los atascos, lo que las convierte en la opción más rápida para las empresas urbanas, además de contribuir a mejorar la calidad del aire.

COMPRA EQUIPOS Y APARATOS DE ALTA EFICIENCIA ENERGÉTICA, como pueden ser las bombillas y los ordenadores (ver págs. 121-123), y asegúrate de su mantenimiento.

BENEFICIOS FISCALES Los gobiernos ofrecen cada vez más exenciones y beneficios fiscales a las empresas que ahorran energía, y penalizan a aquellas que la derrochan. Asegúrate de que tu empresa esté al tanto de estos posibles beneficios fiscales, un buen aliciente para que realices tu transición energética.

Iluminar una oficina de tamaño medio durante la noche supone un gasto de energía suficiente para preparar 1.000 bebidas calientes.

deberá planificar una serie de objetivos y elaborar planes de acción a corto, medio y largo plazo para alcanzarlos. Los programas de ahorro energético de las empresas que han tenido éxito tienden a hacer lo siguiente:

- Comunicar claramente las ventajas prácticas del ahorro de energía, utilizando mensajes sencillos y fácilmente memorizables mostrados de forma coherente en diversos medios, como carteles, la página web de la empresa y los tablones de anuncios.
- Fomentar las sugerencias de los empleados de todos los niveles, para que toda la plantilla se sienta involucrada en el proyecto.
- Reconocer y recompensar la participación de los empleados.
- Proporcionar información periódica sobre los progresos realizados.
- Celebrar actos, como foros de debate abiertos, jornadas de concienciación de los empleados y concursos interdepartamentales de ahorro energético.

OCIO

UN GIMNASIO AL AIRE LIBRE

En lugar de ir a un gimnasio con aire acondicionado para hacer ejercicio en máquinas que consumen mucha energía, ¿por qué no ponerse en forma en la naturaleza? Ponte en contacto con un grupo ecologista local y hazte voluntario en proyectos para la reducción de carbono, como la plantación de árboles, la colocación de setos y el desarrollo de zonas naturales en las escuelas.

EJERCICIO EN LOS PARQUES

Realiza tus ejercicios utilizando los espacios deportivos gratuitos al aire libre instalados en los parques y espacios verdes por parte de los ayuntamientos. Más allá de eso, caminar, montar en bicicleta, nadar y practicar paddle surf son deportes que pueden combinarse con la limpieza de la playa, el río o la recogida de basuras, «deportes» que ayudan a regenerar el medio ambiente.

DEPORTES Y EJERCICIO

La floreciente industria del fitness nos anima a mejorar la salud de nuestro cuerpo, pero por desgracia mucho de lo que se ofrece no es tan bueno para la salud del planeta. Replantea tu rutina de ejercicios para recortar algunos kilos de carbono.

INCORPORA EL EJERCICIO A TU RUTINA DIARIA Por ejemplo, sube las escaleras en lugar de tomar el ascensor, lleva el reciclaje al punto verde, y camina, corre o utiliza la bicicleta para ir al trabajo, de compras y para ver a los amigos.

ALQUILA O TOMA PRESTADO MATERIAL DEPORTIVO, a no ser que lo utilices con regularidad, para evitar gastar valiosos recursos en cosas que solo van a acumular polvo en un armario la mayor parte del tiempo.

RECICLA LAS ZAPATILLAS DEPORTIVAS cuando estén gastadas. El caucho de sus suelas tiene multitud de usos, incluidos los campos de deportes para todo tipo de clima.

CUIDADO DE LA PISCINA Si tienes una piscina, llénala con agua de lluvia filtrada, caliéntala con paneles solares térmicos, mantenla cubierta para reducir la pérdida de calor y comprueba periódicamente que no tenga fugas.

El esquí de fondo tiene un menor impacto ambiental que el esquí alpino porque no requiere telesillas (ni arrasar la ladera de una montaña para hacer pistas).

Un campo de golf medio utiliza 100 veces más agua que una casa de cuatro habitaciones. Asegúrate de que tu club de golf riega con moderación y utiliza agua reutilizada.

10 cintas de correr de gimnasio consumen una media de 13.500 kWh de electricidad al mes, lo suficiente para hacer funcionar un secador de pelo sin parar durante más de un año.

Cubrir una piscina con una capa aislante puede reducir la pérdida de calor hasta en un 30%.

Tomar el tren en lugar del avión de Londres a París produce un 90% menos de emisiones de CO_2.

Y cuando hayas llegado a tu destino, considera la posibilidad de alquilar bicicletas en lugar del habitual coche de alquiler.

El huésped medio de un hotel utiliza más del doble de la cantidad de agua que usaría normalmente en su casa.

Al hacer un viaje, antes de irte de tu casa, recuerda apagar la calefacción (o el aire acondicionado), o simplemente deja el termostato al mínimo para evitar el exceso de frío.

Un hotel de 100 habitaciones podría ahorrar más de 300.000 litros de agua al año mediante un programa de reutilización de ropa de cama y toallas.

HOTELES Y VACACIONES

Al pensar en unas vacaciones, elije un viaje pausado o un destino cercano a casa, y utiliza un transporte con bajas emisiones de carbono. Y ya en el destino, evita el derroche innecesario de energía. Puedes disfrutar y mimarte sin estropear el planeta.

👍 **QUÉDATE EN TU PROPIO CONTINENTE**
y evita los vuelos de larga distancia, que producen más emisiones de CO_2 por pasajero que un automovilista medio en un año. Elige vuelos directos: el despegue es lo que más combustible consume. Siempre que sea posible, viaja en tren, por mar o por carretera y considera el viaje como parte de la aventura.

💲 **APOYA LA REDUCCIÓN DE EMISIÓN DE CARBONO** Haz una donación a la Travel Foundation (www.thetravelfoundation. org.uk), que financia estrategias de reducción de carbono, como programas de eficiencia energética para el alojamiento de turistas en resorts de todo el mundo.

👍 **DESCUBRE LO LOCAL EN TUS VACACIONES**
Elige las especialidades alimentarias locales, que son más frescas y sabrosas que cualquier cosa importada. Los países más pobres sufren los peores efectos de la crisis climática, así que considera la posibilidad de hacer voluntariado en el extranjero. Visita los países en desarrollo durante un tiempo considerable, y apoya a las comunidades locales cuyo sustento depende de los turistas.

HOTELES CON BAJAS EMISIONES DE CARBONO
Haz que tu próxima estancia en un hotel sea lo más eficiente posible desde el punto de vista energético: busca un hotel con verdaderas credenciales ecológicas.

- Apaga la calefacción o el aire acondicionado, o al menos bájalo, a menos que sea realmente necesario, y apaga las luces y los electrodomésticos cuando no los necesites.
- Dúchate en lugar de bañarte.
- Pide que no cambien las toallas y sábanas a diario sino cada varias noches.
- Habla con la dirección del alojamiento sobre sus políticas medioambientales y sugiéreles mejoras: por ejemplo, instalar bombillas de bajo consumo, utilizar envases de aseo rellenables o disponer de un suministro de energía renovable.

UNA BODA SOSTENIBLE

Haz que tu día especial sea realmente especial minimizando su impacto medioambiental:

- Obtén productos locales, especialmente alimentos, bebidas y flores.
- Alquila ropa de cama, muebles, vasos, etc., en lugar de comprarlos.
- Vístete con ropa orgánica, reciclada o vintage para conseguir un *look* único y de bajo impacto.
- Evita apoyar a la extracción de metales pesados, que consume mucha energía, eligiendo anillos antiguos para regalar.
- Para celebrar el convite, busca un lugar de fácil acceso y anima a tus invitados a desplazarse hasta allí en medios de transporte con bajas emisiones de carbono.
- Solicita a tus invitados que se lleven a casa las flores, la comida y las bebidas sobrantes al final.
- Pide regalos que te ayuden a mantener tu vida diaria con bajas emisiones de carbono, como bicicletas, árboles frutales o abonos para el transporte público. O crea un registro de donaciones en línea para una organización benéfica que lleve a cabo proyectos con bajas emisiones de carbono.

CELEBRACIONES

A todo el mundo le gustan las fiestas. La próxima vez que organices una celebración, haz que sea inolvidable empleando algunos trucos para reducir las emisiones de carbono en su preparación.

👍 **CELEBRA EL DÍA DE LA TIERRA** cada 22 de abril.

💲 **MONTA DECORACIONES DE BAJO IMPACTO AMBIENTAL,** como cadenas de papel de las revistas o adornos del árbol de Navidad hechos a partir de una masa rígida de harina, agua y un poco de sal, horneada y pintada con vivos colores.

💲 **UTILIZA GUIRNALDAS DE LED,** que consumen hasta un 95% menos de energía que las guirnaldas luminosas hechas con bombillas tradicionales.

👍 **REGALA MENOS COSAS** En lugar de más residuos potenciales, regala a tus amigos experiencias o
💲 servicios: entradas para un evento, una comida fuera o un vale para un masaje. Cuando regales objetos, envuélvelos en papel de periódico, papel de regalo de tela o papel de regalo reciclado atado con cintas, para que este pueda volver a utilizarse.

💲 **EVITA EL «USAR Y TIRAR»** No utilices globos, platos, vasos y cubiertos de plástico de un solo uso en las fiestas. En su lugar, usa la vajilla de casa. Si su posterior lavado significa un problema, elige alternativas al plástico que sean compostables y asegúrate de que se desechan correctamente.

En algunos países se generan 2 millones de toneladas de CO_2 solo por el transporte de flores por San Valentín.

Una boda media puede llegar a generar unas 15 toneladas de CO_2.

Los ingredientes de una típica cena navideña viajan hasta 48.000 km.

Cada año se encuentran más de 30.000 globos en las playas estadounidenses. Pueden viajar miles de kilómetros, y las aves, tortugas y otros animales salvajes suelen confundirlos con comida, lo que puede dañarlos o incluso matarlos.

Unas guirnaldas luminosas típicas del árbol de Navidad que se dejan encendidas durante 10 horas al día durante el periodo navideño producen suficiente CO_2 para llenar 50 globos de fiesta.

TRANSPORTE

La League of American Bicyclists (Liga de Ciclistas Estadounidenses) concede el estatus de Comunidad Amiga de la Bicicleta a los municipios de este país que apoyan activamente el uso de la bicicleta; en 2021 contaba con 487 comunidades.

 Sustituye un viaje de 8 km en coche por un paseo en bicicleta una vez a la semana. Así evitarás unos 100 kg de emisiones de CO_2 al año, lo que equivale a ver la televisión sin parar durante 75 días.

 En España, el mantenimiento de un coche cuesta una media de unos 2.100 € al año, teniendo en cuenta factores como el coste del combustible, el seguro, las revisiones y el impuesto de circulación.

 Desde 2021, el Santander Cycles londinense cuenta con más de 750 estaciones de recarga en toda la capital y 14.000 bicicletas para alquilar.

 En Copenhague, la capital de Dinamarca, considerado uno de los países más felices del mundo, el 62% de sus habitantes se desplazan en bicicleta.

 Montar en bicicleta media hora al día puede aumentar la esperanza de vida hasta en 4 años.

 Tras el confinamiento por el Covid-19, más gente se animó a salir a la calle: el 31% de los londinenses eligió caminar en lugar de usar otro medio de transporte, y el 57% de la gente dice que ahora da más paseos o camina durante más tiempo que antes de la pandemia.

USA LAS PIERNAS

Más de la mitad del petróleo extraído en el mundo se utiliza para el transporte, una de las principales causas de las emisiones de CO_2. Para frenar su quema, usa tus piernas para caminar o ir en bicicleta a todos los sitios que puedas. Beneficiarás tu salud y la del planeta.

👍 **UTILIZA UN RELOJ INTELIGENTE**, como un Fitbit, o una aplicación, como Pedometer, para hacer un seguimiento de tu ejercicio. Las investigaciones demuestran que el famoso objetivo de 10.000 pasos al día puede significar una buena motivación, pero los beneficios para la salud a largo plazo de caminar realmente comienzan a partir de los 7.500 pasos diarios.

💲 **PREPARA TU BICICLETA PARA LLEVAR COSAS** Compra una cesta para la parte delantera de tu bicicleta y unas alforjas resistentes para la parte trasera. Si pedalear en subida se te hace demasiado difícil, prueba con una bici eléctrica en lugar de usar el coche.

💲 **COMPARTE LA BICICLETA** Utiliza los sistemas de alquiler de bicicletas urbanas como Bicing en Barcelona o BiciMAD en Madrid. Si no existe un sistema similar en tu localidad, pregúntale a tu ayuntamiento.

👍 **CONSIGUE UN TRABAJO CERCA DE TU CASA**, para poder ir al trabajo a pie o en bicicleta y no tener que preocuparte por las emisiones de carbono.

UNA TASA PARA REDUCIR LOS COCHES EN EL CENTRO URBANO

La «tasa de toxicidad», un sistema que consiste en cobrar a los conductores una tarifa por entrar en una zona designada durante las horas punta, ha sido un verdadero éxito en ciudades como Londres, Singapur y Estocolmo. En Londres, por ejemplo, dicha tasa ha animado a 500.000 automovilistas diarios a dejar el coche en casa y desplazarse al centro de la ciudad a pie, bicicleta o transporte público. Las emisiones de carbono se han reducido en un 16% y los atascos se han reducido en más de un 20%, y el comercio y la economía local no se han resentido de esta medida. Estas estrategias generan importantes ingresos para invertir en el transporte público. ¿Por qué no presionar a las autoridades locales para que valoren la posibilidad de aplicar una «tasa de toxicidad» en caso de que no exista en tu ciudad natal?

La verdadera eficiencia del combustible de un vehículo depende del número de pasajeros que transporta. Para averiguarlo se multiplica la eficiencia del vehículo por el número de pasajeros que transporta (pkpl en sus siglas en inglés). Por ejemplo, un coche típico que tiene una eficiencia media de 13 kpl y lleva dos pasajeros tiene una eficiencia de 26 pkpl, mientras que un autobús que promedia 2,5 kpl, cuando lleva 40 pasajeros su eficiencia es de 100 pkpl, cuatro veces más que la del coche.

La velocidad comercial media del tren de alta velocidad español (AVE) es de 222km/h, superior a la registrada en países pioneros como Japón o Francia.

TRANSPORTE PÚBLICO

Si tienes que hacer un viaje muy largo, que cargar con muchas cosas o el tiempo es demasiado horrible para ir a pie o en bicicleta, el transporte público es una forma de desplazarse con menos emisiones de carbono que el coche.

👍 **CELEBRA EL DÍA MUNDIAL SIN COCHE**, cada 22 de septiembre, y deja el coche en casa durante 24 horas. Si normalmente te desplazas en automóvil, aprovecha este día para probar una forma alternativa de ir al trabajo. Tomar el autobús para un viaje de ida y vuelta de 24 km al trabajo cada día podría reducir tu huella de carbono hasta en 1,5 toneladas de CO_2 al año.

👍 **AJUSTA TU HORARIO DE TRABAJO**, si puedes, para no tener que viajar en transporte público en horas punta. Así el viaje será más rápido y tendrás garantizado un asiento.

($) **OBTÉN UNA TARJETA DE VIAJE MULTIUSOS**, si está disponible en tu lugar de residencia, para poder aprovechar el transporte público según te apetezca y obtener siempre el mejor servicio.

👍 **SÚBETE A UN AUTOBÚS** y ayudarás a vaciar las carreteras. Un autobús puede transportar a los ocupantes de 20 coches, produce mucha menos contaminación y ocupa mucho menos espacio en el asfalto.

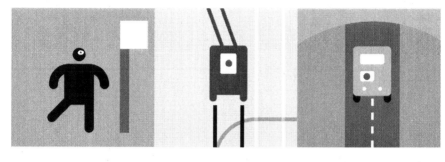

El sistema de transporte rápido de Bogotá, en Colombia, transporta 1.600 pasajeros por autobús al día y ha logrado una reducción del 32% del tiempo de viaje y del 40% de las emisiones de gases de efecto invernadero.

El transporte público genera un 95% menos de monóxido de carbono y un 50% menos de dióxido de carbono y óxido de nitrógeno por kilómetro recorrido que los coches privados.

Las emisiones de carbono por pasajero y en un recorrido de 1.600 km varían mucho: autocar, 122 kg; tren interurbano, 204 kg; coche pequeño, 268 kg; avión, 440 kg; vehículo de tracción en las cuatro ruedas, 712 kg.

Si todos los conductores de automóviles se cambiaran al transporte público, las emisiones de CO_2 del transporte se reducirían en un 90%.

Pide a tu ayuntamiento que apueste por el transporte público aumentando las tasas para los coches privados y utilizando los ingresos generados para financiar la mejora del transporte público.

Los conductores de las ciudades más congestionadas de Estados Unidos pasan más de 40 horas al año (toda una semana laboral) sentados en atascos de tráfico.

ROMPER VIEJAS INERCIAS

El modo de funcionar del mundo desarrollado ha estado muy influenciado por el automóvil.

Los centros comerciales y los supermercados de las afueras están suplantando a las tiendas y barrios comerciales del centro de la ciudad, lo que significa que es difícil no conducir con regularidad. El recorrido medio de las compras en Gran Bretaña es de 7 km, demasiada distancia para la mayoría de la gente que lleva bolsas pesadas. Aunque es una tendencia difícil de revertir, planificar ciudades con tiendas a las que se pueda ir andando o en bicicleta y que estén bien comunicadas con el transporte público es fundamental para hacer realidad una vida con bajas emisiones de carbono. Ciudades de todo el mundo están aceptando el reto. Bogotá, en Colombia, y Curitiba, en Brasil, tienen sistemas de tránsito rápido con rutas exclusivas para autobuses, y muchas ciudades, como Londres y Estocolmo, utilizan la tasa de congestión (ver pág. 137).

 TOMAR EL TREN es una forma estupenda de recorrer largas distancias con un impacto medioambiental mínimo. A diferencia de los vuelos, no hay que perder el tiempo facturando horas antes de la salida y, a diferencia de los viajes en coche, se pueden hacer cosas durante el trayecto, ¡aunque solo sea recuperar el sueño!

 AHORRA EMISIONES DE CARBONO
Recorrer largas distancias en autocar es una opción aún más baja en carbono que el viaje en tren: cambiar el coche por el autocar puede reducir las emisiones de CO_2 producidas por tu viaje hasta en un 90%.

 VE EN BICI A LA ESTACIÓN O A LA PARADA DE AUTOBÚS para acelerar tu viaje de puerta a puerta. Anima al servicio de transporte público de tu localidad a que proporcione aparcamientos para bicicletas dentro del vehículo si aún no lo hace (pídeles que se inspiren en ciudades que favorecen el uso de la bicicleta, como Copenhague), o compra una bicicleta plegable que puedas llevar a bordo y luego desplegar para llegar a tu destino cuando te bajes del autobús.

Mejor calidad del aire, carreteras más seguras, pueblos más sanos, barrios más tranquilos y menos atascos son solo algunas de las ventajas de tener menos coches en las carreteras.

CONDUCCIÓN ECOLÓGICA

En muchos países, el transporte es ahora la mayor fuente de gases de efecto invernadero. La forma en que mantenemos y conducimos nuestros coches tiene un enorme impacto en la eficiencia del combustible.

👍 **REDUCE LA VELOCIDAD** Una conducción más rápida consume más combustible, así que trata de ejercer una suave presión sobre el acelerador y mantener velocidades bajas.

👍 **EVITA EL PESO EXCESIVO O LOS REMOLQUES**, ya que te cuesta combustible. Deja la baca y saca los objetos pesados (palos de golf, etc.) del maletero si no los utilizas. Llevar 50 kg más puede reducir la eficiencia del combustible hasta en un 2%.

⛑ **REALIZA EL MANTENIMIENTO DEL COCHE DE MANERA REGULAR** Un motor ineficiente y mal mantenido puede reducir la eficiencia del combustible de tu coche en un 10% o más.

👍 **UTILIZA LA MARCHA CORRECTA** Pasa a la marcha superior lo antes posible sin acelerar más de lo necesario. Sin embargo, evita que el motor trabaje en una marcha larga cuando vayas cuesta arriba, ya que esto gastará más combustible y pondrá a prueba el motor. Si conduces un coche automático, suelta ligeramente el acelerador cuando el coche coja impulso para que la transmisión pueda cambiar la marcha con rapidez y suavidad.

PIENSA ANTES DE ARRANCAR
Los viajes de menos de 3 km son los que más contaminan por kilómetro: un motor frío que debe ponerse en marcha produce un 60% más de emisiones que uno caliente. Así que, antes de subirte al coche, pregúntate si realmente necesitas conducir. Si puedes, programa tus viajes en coche para evitar los atascos en las horas punta, ya que la eficiencia de combustible se reduce a cero. Junta varios recados en un solo viaje y ahorrarás tiempo, esfuerzo y dinero.

TRUCOS DE MANTENIMIENTO

Además de las revisiones periódicas y puesta a punto de tu coche, hay una serie de tareas de mantenimiento clave que puedes realizar para mejorar el rendimiento del combustible de tu coche:

- Mantén la presión correcta de los neumáticos: lo ideal es que los revises cada una o dos semanas. Conducir con los neumáticos poco inflados aumenta la resistencia a la carretera, lo que hace que el motor trabaje más y consuma más combustible. También aumentará el desgaste de los neumáticos y afectará a la conducción del vehículo.
- Comprueba el nivel de aceite y utiliza el tipo de aceite recomendado. Un motor bien lubricado consume menos combustible.
- Estate atento a las fugas de aceite y hazlas reparar inmediatamente.
- Sustituye los filtros de aire obstruidos, que reducen la eficacia del motor. En las regiones con más contaminación, los filtros se obstruyen rápidamente.

 CONDUCE SIN ACELERONES Los estudios han demostrado que un estilo de conducción agresivo, caracterizado por aceleraciones bruscas, altas velocidades y frenadas en seco, reduce el tiempo de viaje solo un 4% de media, mientras que aumenta el consumo de combustible hasta un 40%. Evita los cambios de velocidad innecesarios manteniendo la distancia con el vehículo que te precede, reduciendo la velocidad gradualmente al acercarte a los cruces y a los semáforos en rojo, y reduciendo al mínimo los adelantamientos. Si todos respetáramos el límite de velocidad, las emisiones anuales del transporte por carretera se reducirían un 1%.

 APAGA EL AIRE ACONDICIONADO, porque su uso puede incrementar el consumo de combustible en más de un 20% en conducción urbana. A menos que haga un calor sofocante, baja las ventanillas. Si viajas a más de 72 km/h, es más eficiente utilizar la ventilación del coche que bajar las ventanillas, porque a mayor velocidad las ventanillas abiertas aumentan la resistencia del vehículo.

 PARA EL MOTOR Recuerda apagar el motor cuando estés en un atasco o esperando en un paso a nivel. Un motor al ralentí puede producir hasta el doble de emisiones que un coche en movimiento.

Conducir a 80 km/h consume un 30% menos de combustible que hacerlo a 110 km/h.

Por cada 9.700 km que recorre, un coche medio genera su propio peso en emisiones de CO_2.

Un coche que circula a 65 km/h en quinta velocidad consume alrededor de un 25% menos de combustible que uno que circula a la misma velocidad en tercera.

En 2007 había algo más de 600 millones de coches privados en las carreteras del planeta; se prevé que en 2050 habrá unos 2.700 millones.

Cada litro de gasolina que se ahorra retiene 2 kg de CO_2 fuera de la atmósfera; el aumento de la eficiencia del combustible marca la diferencia.

Cuando solo el 1% de los propietarios de automóviles realiza un mantenimiento adecuado de sus vehículos, se generan más de 400 millones de kg de CO_2 a la atmósfera.

En países como el Reino Unido y los Países Bajos, la ecoconducción forma ya parte de la parte teórica de los exámenes de conducir. Conducir de esta manera aumenta la eficiencia del combustible en un 6% y ahorra a cada conductor 120 € al año en gasolina.

PREDICAR CON EL EJEMPLO

Las empresas pueden hacer mucho para reducir la huella de carbono de los desplazamientos de sus empleados a/desde el trabajo. ¿Por qué no sugieres a tu empresa las siguientes estrategias?

- Gestionar un coche compartido a través de la intranet de la empresa o de un tablón de anuncios centralizado.
- Cambiar la flota de coches de la empresa por la pertenencia a un club de coches compartidos.
- Ofrecer incentivos para los desplazamientos con bajas emisiones de carbono, como un día más de vacaciones anuales.

Los socios de los clubes de automóviles recorren un 47% menos de kilómetros al año que los propietarios de vehículos.

COMPARTIR EL COCHE Y CLUBES DE COCHES

Prueba a compartir el coche o a unirte a un club de coches compartidos en lugar de tener tu propio cuatro ruedas. Ahorrarás dinero y molestias y reducirás considerablemente tu huella de carbono.

COMPARTIRLO CON LOS VECINOS Si te llevas bien con tus vecinos, prueba a tener y mantener un coche conjuntamente.

COMPARTIR COCHE PARA IR AL TRABAJO Si todas las personas que van al trabajo por su cuenta compartieran el transporte una vez a la semana, el volumen de tráfico se reduciría entre un 12 y un 15%.

INICIA UN «CARPOOL» —compartir un coche con otras personas para algún viaje corto o largo— con amigos o compañeros de trabajo. Organízalo tú mismo o utiliza un sitio web especializado para ponerte en contacto con personas que realicen viajes similares.

ÚNETE A UN CLUB DE COCHES COMPARTIDOS Estos clubes operan en ciudades de todo el mundo y ofrecen coches de pago por uso. Solo tienes que reservar un coche por internet, utilizarlo durante el tiempo que necesites, pagando por hora y/o kilómetro, y luego dejarlo en un aparcamiento designado para el siguiente usuario. Hoy existen varias app que cubren este servicio.

Cada 1.600 km que se recorren en una berlina familiar de tamaño medio provoca 300 kg de emisiones de CO_2.

El viajero medio occidental quema 1.290 litros de combustible al año, lo que genera 3,4 toneladas de CO_2. Compartir el coche puede reducir esta cifra a la mitad o más.

En la mayoría de ciudades del mundo existen apps que ofrecen el servicio de *carsharing*, que consiste en poner en contacto a personas que necesitan un coche de forma temporal (por unos días, semanas u horas) con gente que quiere alquilar su coche para este servicio, y por el cual reciben un dinero a cambio que gestiona la app.

El estadounidense medio gasta 18 céntimos de cada dólar que gana en la compra, el funcionamiento y el mantenimiento de su coche.

Con una media de dos viajes en coche a la semana, el ciudadano medio del Reino Unido podría ahorrar más de 2.000 libras al año si cambiara su coche por una suscripción a un club de coches compartidos.

Un coche en movimiento en la UE solo transporta de media a 1,2 personas.

Hay clubes de coches compartidos en más de 600 ciudades de todo el mundo.

En Norteamérica, los carriles prioritarios para vehículos ocupados por dos o más personas son una forma habitual de incentivar el uso compartido del coche.

Puedes ahorrar 1 tonelada de CO_2 cada año si tu nuevo coche es más eficiente que el actual.

El sistema de parada y arranque, que apaga el motor del coche cada vez que se detiene y utiliza la electricidad de la batería para volver a avanzar, incrementa su eficiencia energética hasta un 15%.

Los grandes SUV (vehículos utilitarios deportivos) consumen un 50% más de energía para su fabricación y producen alrededor de un 50% más de CO_2 por km/ milla que un coche medio.

AUTOMÓVILES

Cuando compres un coche nuevo, asegúrate de que es mejor para el medio ambiente que el anterior. (Y pregúntate si necesitas un coche...)

($) **ELIGE EL COCHE Y EL MOTOR MÁS PEQUEÑOS** que satisfaga tus necesidades cotidianas. Busca el coche con las menores emisiones de la categoría elegida y ahorra dinero tanto en combustible como en impuestos.

($) **COMPRA UN COCHE ELÉCTRICO** Los coches eléctricos producen la mitad de emisiones de CO_2 que los diésel, incluidas las emisiones de fabricación. Al elegir un coche eléctrico, comprueba si está recomendado por Next Green Car (nextgreencar.com). También puedes utilizar este sitio web para comparar los tiempos de carga, los costes y la autonomía de los distintos coches eléctricos. También debes considerar si el fabricante del coche tiene planes reales de eliminar el diésel y pasarse al coche eléctrico.

($) **INVERTIR CON SATISFACCIÓN** Desgraciadamente, los coches eléctricos todavía son más caros que los de combustión y hay menos disponibles para comprar de segunda mano. Busca subvenciones del gobierno y utiliza internet para buscar coches eléctricos de segunda mano en venta.

⑤ ENERGÍA VERDE Carga tu coche eléctrico utilizando energía 100% renovable de una distribuidora ética. Si no tienes un punto de recarga adecuado fuera de casa, debes saber que el número de puntos de recarga públicos está aumentando de manera exponencial, especialmente en las ciudades; sin embargo, tendrás menos control sobre el distribuidor de energía.

⑤ COCHES HÍBRIDOS Si es posible, opta por un coche puramente eléctrico. Sin embargo, los híbridos pueden ser más asequibles y tener una mayor autonomía. Si compras un híbrido, elige un motor eléctrico con un motor de gasolina, en lugar de uno diésel. Los híbridos más antiguos utilizan baterías para reducir el consumo de combustible, mientras que los nuevos híbridos enchufables pueden recargarse como los coches eléctricos y recorrer entre 50 y 65 km solo con la batería.

⑤ ELIGE UN MODELO CON CAJA DE CAMBIOS MANUAL Si sigues los principios de la conducción ecológica (ver págs. 141-142), los coches manuales tienden a ser más eficientes en cuanto al consumo de combustible que sus equivalentes automáticos.

⑤ MINIMIZA LOS COMPLEMENTOS, como los sistemas de navegación por satélite, ya que pueden aumentar el peso de tu coche o agotar su batería, lo que reduce la eficiencia del combustible.

Las emisiones de CO_2 en el Reino Unido disminuyeron aproximadamente un 10,7% en 2020, en comparación con 2019. Las emisiones totales de gases de efecto invernadero se redujeron en un 8,9%. Este gran descenso se debe principalmente a la reducción del transporte por carretera y de las operaciones comerciales durante el confinamiento provocado por el Covid-19.

En Noruega, los coches de emisiones ultra bajas representaron más del 45% de las ventas de vehículos nuevos en 2018, y se espera que la cuota de mercado alcance el 100% en 2025, gracias a los incentivos gubernamentales.

Pasajeros aéreos transportados (en todo el mundo):

1985   900 millones

2005   2.000 millones

2025   4.500 millones
(previsión)

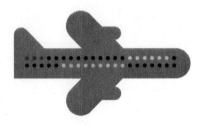

 Prescindiendo únicamente de un vuelo de 5 horas se podrían reducir las emisiones de CO_2 en 1 tonelada, lo que equivale a 160 días de trayecto de 16 km en un coche de tamaño medio.

 Al utilizar proporcionalmente más combustible para el despegue, la huella de carbono por pasajero-kilómetro en los vuelos de corta distancia es hasta un 25% mayor que en los de larga distancia.

 Un avión utiliza la misma cantidad de combustible y, por tanto, produce la misma cantidad de CO_2 que cada pasajero a bordo conduciendo su propio coche la misma distancia.

 El 45% de los trayectos aéreos en Europa son de 480 km o menos, distancia al alcance de un tren de alta velocidad.

 Solo el 1% de la población mundial causa la mitad de las emisiones de carbono de la industria aérea.

 Compara los costes, la duración y el impacto de las diferentes opciones de viaje para cualquier trayecto específico utilizando la página web de EcoPassenger, (ecopassenger.org).

OLVÍDATE DEL AVIÓN

Resulta difícil de digerir, pero suprimir los vuelos no esenciales es una de las cosas más importantes que puedes hacer para reducir tu huella de carbono.

👍 **DISFRUTA EL ARTE DEL VIAJE LENTO** y considera el viaje como parte de la experiencia. Evitarás las molestias de los controles de seguridad, las comidas procesadas a bordo y la recogida de equipaje, y en los viajes de unos pocos cientos de kilómetros descubrirás que viajando sin volar llegarás más rápido a tu destino.

👍 **USA EL FERROCARRIL** Los trenes emiten una media de dos tercios menos de CO_2 por pasajero que los aviones.

👍 **VIAJAR EN UN BARCO DE CARGA** Ahorrarás dinero, visitarás lugares que el turista medio nunca ve y reducirás drásticamente las emisiones de carbono de tu viaje. O únete a la tripulación de un barco de vela para un estimulante recorrido por los mares con cero emisiones de carbono.

💲 **UTILIZA UNA PÁGINA WEB DE COMPARACIÓN** como Skyscanner, que indica cuáles son los vuelos con menos emisiones. Algunas compañías aéreas ofrecen la opción de compensar tu vuelo, aunque debes asegurarte de que su sistema es rastreable y está verificado. Recuerda que estos sistemas no tienen efectos inmediatos ni garantizados.

¿POR QUÉ VOLAR ES MALO PARA EL PLANETA?

Además de liberar el 2-3% de las emisiones de CO_2 producidas por el hombre, la aviación contribuye a la crisis climática al emitir óxido nítrico, culpable en gran parte del efecto invernadero y la destrucción de la capa de ozono. Como esto ocurre a gran altura, el impacto se magnifica. En conjunto, el efecto sobre el calentamiento global del transporte aéreo es 2,7 veces mayor que el de sus emisiones de CO_2 por sí solas, lo que significa que es responsable de alrededor del 5% del calentamiento global. La aviación es la fuente de emisiones de origen humano de más rápido crecimiento, con un incremento de alrededor del 5% anual, superando cualquier eficiencia que pueda lograrse mediante la mejora de la tecnología. Si sigue creciendo a este ritmo, tendríamos que eliminar las emisiones de casi todas las demás fuentes para poder limitar la crisis climática a 1,5 °C por encima de los niveles preindustriales.

PANORAMA GENERAL

APOYA A LAS COMUNIDADES CON BAJAS EMISIONES DE CARBONO

Inspírate en iniciativas de muchos lugares del mundo que ya están avanzando hacia una vida con bajas emisiones de carbono. Por ejemplo:

- La ciudad de Cáceres, en España, albergará el primer centro de datos neutro en carbono de Europa.
- La creciente red de «ciudades en transición», como Totnes en Devon (Reino Unido), que intentan romper su dependencia de los combustibles fósiles.
- Boulder, en Colorado, que en 2006 aprobó el primer impuesto climático de Estados Unidos.
- Estocolmo, en Suecia, que planea quedar libre de combustibles fósiles para 2040, con iniciativas que incluyen la calefacción con biocombustibles, autobuses con combustibles renovables y vehículos municipales con biogás.
- En el Reino Unido, 802 comunidades se han inscrito como Comunidades Libres de Plástico, una iniciativa creada por Surfers Against Sewage.

SÉ PROACTIVO

Lograr el cambio requerido al ritmo necesario para evitar los peores impactos de la crisis climática exigirá la actuación de la sociedad en su conjunto y a todos los niveles.

👍 **ESCRIBE A TUS REPRESENTANTES POLÍTICOS** mostrándoles tu apoyo a un cambio legislativo que acelere la transición a una sociedad con bajas emisiones de carbono.

👍 **VOTA AL PARTIDO** que se comprometa de manera más clara a hacer frente a la crisis climática.

👍 **ACTÚA EN EL ÁMBITO LOCAL** Pide cambios efectivos a tu ayuntamiento y súmate a un grupo ecologista de tu pueblo, ciudad, comunidad o país.

👍 **CONVENCE A UN ESCÉPTICO** Luchar por reducir tu propia huella de carbono es bueno; persuadir a otros para que hagan lo mismo es aún mejor.

👍 **ÚNETE A UNA ORGANIZACIÓN NO GUBERNAMENTAL (ONG)** que esté haciendo campañas para actuar contra la crisis climática.

👍 **GASTA TU DINERO SABIAMENTE** Elige empresas independientes y éticas para todas tus compras e inversiones. Pregúntate si las empresas utilizan indirectamente tu dinero para dañar el planeta.

Hacia 2080, la subida de los mares pondrá en riesgo de inundación a territorios donde viven 70 millones de africanos, lo que desplazará a las personas menos responsables de la crisis climática.

Las acciones de solo 100 empresas son el origen del 71% de todas las emisiones mundiales de gases de efecto invernadero.

Las autoridades locales de muchos municipios del mundo han declarado una emergencia climática (a partir del verano de 2021). ¿Qué medidas ha tomado tu ayuntamiento?

Las nuevas inversiones en energías renovables podrían crear 3,3 millones de empleos en todo el mundo en los próximos 10 años.

Tras observar que las ciudades generan el 80% de las emisiones de CO_2, las mayores ciudades del mundo han formado un grupo llamado C40 para hacer frente a la crisis climática.

El 81% de las personas está de acuerdo en que la pandemia del Covid-19 demuestra la importancia de proteger y regenerar la naturaleza. Y el 76% cree que la naturaleza puede contribuir a la recuperación económica ayudando a reducir el riesgo de problemas como las inundaciones, suministros de agua y futuras pandemias.

España tiene una larga
historia intentando estar
a la vanguardia en materia
de disminuir el impacto
negativo de sus actividades
en el planeta. Aunque las
acciones parecen pocas para
muchos, la realidad es que los
intentos gubernamentales
y las iniciativas de la
sociedad civil se traducen
en importantes logros.
El panorama es consolador,
España está despertando a
la necesidad de disminuir
su huella de carbono
en el planeta, así que es
fundamental continuar
remando con acciones
cotidianas que impulsen el
cambio de filosofía que ya está
ocurriendo en sus habitantes.

¿CÓMO REDUCE ESPAÑA SU HUELLA DE CARBONO?

España se encuentra entre los líderes del mundo en materia de energías limpias, por lo que los ciudadanos pueden gozar de sus beneficios y minimizar su huella de carbono.

👍 **ENERGÍA EÓLICA** El país cuenta con más de 21.500 aerogeneradores, cifra de 2021 que sigue en aumento con la finalidad de disminuir las emisiones de gases de efecto invernadero (GEI) en todas las comunidades autónomas. No obstante, aún no está cerca de cumplir las metas del Plan Nacional Integrado de Energía y Clima (PNIEC), que pretende una disminución de un 23% de estas emisiones con respecto a 1990.

👍 **ENERGÍA SOLAR FOTOVOLTAICA** España fue un país pionero en el mundo en la instalación de esta tecnología, pero su desarrollo se vio limitado durante algunos años. En la actualidad, se espera que esta tecnología avance y permita la consecución de los objetivos de instalación de potencia fotovoltaica del PNIEC 2021-2030.

👍 **RECICLAJE** Cada año se envían a diferentes empresas recicladoras más de un millón de toneladas de envases de plástico, metal, papel y cartón. Pero aún no se ha logrado disminuir la huella de carbono de forma significativa, por lo que es necesario profundizar en esta iniciativa.

Tras la pandemia de Covid-19, se incrementó el número de usuarios de bicicleta de manera esperanzadora, por lo que los resultados son muy satisfactorios. De hecho, el senado ha impulsado la Ley Ciclista, que entre las medidas que contempla protege a los ciudadanos que se desplazan en estos vehículos y se consolida como un incentivo para el uso de las bicicletas.

Aunque también existía un registro nacional voluntario, la reducción de la huella de carbono de las empresas españolas pasó a ser obligatoria tras la Disposición Final Duodécima de la Ley 7/2021 de Cambio Climático y Transición Energética.

Las Islas Baleares generaron otra iniciativa y se incorporaron al registro desde 2022.

En el año 2015 Cataluña fue la primera en exigir a las empresas incluirse en el registro voluntario de emisiones. Todo esto como iniciativa de la Oficina Catalana del Cambio Climático.

En Andalucía se promulgó la ley 8/2018, en su Capítulo IV Huella de Carbono de Productos y Servicios, que obliga a las empresas a calcular la huella de carbono de sus productos y los servicios que prestan

¿CÓMO SE REDUCE EN HISPANOAMÉRICA LA HUELLA DE CARBONO?

Los países hispanoamericanos se encuentran entre los más vulnerables en términos de las acciones para combatir el cambio climático. Aunque existen proyectos serios para lograr disminuir la huella de carbono de sus actividades socioeconómicas, la falta de recursos gubernamentales atenta contra su avance.

👍 **ENERGÍA EÓLICA** Argentina, México y Chile son los países que lideran el impulso de la energía eólica.

👍 **ENERGÍA SOLAR FOTOVOLTAICA** Chile en solitario lleva la batuta en esta materia. Aunque la mayoría de países hispanoamericanos cuentan con el potencial natural para el desarrollo de esta tecnología, las iniciativas gubernamentales son escasas, por lo que no abundan los planes de capacitación y concienciación.

👍 **RECICLAJE** México, Guatemala, El Salvador, Honduras, Nicaragua, Costa Rica, Panamá y Colombia se han unido a un plan común para disminuir los desechos plásticos en el Pacífico Nordeste.

El programa Huella Chile ha logrado capacitar a empresarios y ciudadanos en torno al cambio climático y la reducción de los gases de efecto invernadero (GEI).

 En 2021, el gobierno de Panamá dio a conocer el programa Reduce Tu Huella Corporativo-Carbono, con el que se ha logrado la captación de empresas del país a fin de que registren y reporten sus datos sobre los gases de efecto invernadero (GEI).

 Huella Perú es una iniciativa inspirada en Huella Chile que ha logrado disminuir las emisiones de un gran número de empresas del país, así como la formación de la sociedad civil.

 Los resultados satisfactorios que ya se generan de estas propuestas han despertado el interés de otros países de habla hispana. No obstante, el público sigue sin demasiada información específica sobre cómo reducir su propia huella de carbono.

 El Banco Mundial y el fondo de cooperación South South Facility impulsan Latinoamérica Pedalea (LAP), una iniciativa que pretende el intercambio de experiencias entre localidades como Ciudad de México y Bogotá, que ya reportan experiencias exitosas en cuanto al uso de este importante medio de transporte. Otras ciudades ya desean implementar su uso masivo.

OTRAS LECTURAS Y WEBS ÚTILES

MÁS LECTURAS

Cerrillo, Antonio, *Emergencia climática*, Libros de Vanguardia, 2020

Chávez, Brenda, *Tu consumo puede cambiar el mundo*, Península, 2017

Martínez, Susana, Bigues, Jordi, *El libro de las 3 R, Reducir, Reutilizar, Reciclar*, Nuevos Emprendimientos, 2009

McCallum, Will, *Deja el plástico. Guía para cambiar el mundo*, Península, 2019

Pajares, Miguel, *Refugiados climáticos*, Rayo Verde, 2020

Sempere, Joaquim, *Mejora con menos*, Crítica, 2009

SITIOS WEB ÚTILES
INFORMACIÓN Y CONSEJOS GENERALES

Ambientum (www.ambientum.com)

Amigos de la Tierra (www.tierra.org)

Conciencia Eco (www.concienciaeco.com)

Ecologistas en Acción (www.ecologistasenaccion.org)

El Mundo Ecológico (www.elmundoecologico.es)

Friends of the Earth (www.foe.co.uk)

Global Action Plan (www.globalactionplan.org.uk)

Greenpeace (www.greenpeace.org/es)

Pebble magazine (www.pebblemag.com)

Royal Society for the Protection of Birds (www.rspb.org.uk)

The Climate Coalition (www.theclimatecoalition.org)

The Ecologist online magazine (www.theecologist.org)

The Intergovernmental Panel on Climate Change (www.ipcc.ch)

CALCULADORAS DE LA HUELLA DE CARBONO

Aquae (www.fundacionaquae.org/calculadoras-aquae/calculadora-huella-carbono)

Carbon Footprint (www.carbonfootprint.com)

World Wildlife Fund (www.footprint.wwf.org.uk)

NIÑOS

Eco-Schools (www.eco-schools.org.uk)

National Association of Toy and Leisure Libraries (www.natll.org.uk)

CONSEJOS Y PRODUCTOS PARA AHORRAR ENERGÍA

Centre for Alternative Technology (www.cat.org.uk)

Energy Saving Trust (www.est.org.uk)

Make My Money Matter (www.makemymoneymatter.co.uk)

ShareAction (www.shareaction.org)

Pawprint app (www.pawprint.eco)

JARDINERÍA

The RHS (www.rhs.org.uk)

Garden Organic
(www.gardenorganic.org.uk)

Vegan Organic Network
(www.veganorganic.net)

Permaculture Association
(www.permaculture.org.uk)

COMIDA Y BEBIDA

The Soil Association
(www.soilassociation.org)

Sustain (www.sustainweb.org)

The Vegetarian Society (www.vegsoc.org)

The Vegan Society (www.vegansociety.com)

The Food Foundation
(www.foodfoundation.org.uk)

Pesticide Action Network (www.pan-uk.org)

PROVEEDORES DE ENERGÍA RENOVABLE

APPA Renovables (www.appa.es)

Ecotricity (www.ecotricity.co.uk)

Good Energy (www.goodenergy.co.uk)

Green Power (www.greenpower.gov.au)

Energy Saving Trust
(energysavingtrust.org.uk)

COMPRAS

Buy Me Once (www.buymeonce.com)

Buy Nothing Day
(www.buynothingday.co.uk)

Craigslist (www.craigslist.co.uk)

Freecycle (www.freecycle.org)

Gumtree (www.gumtree.co.uk)

TRAID – Textile Reuse and International
Development (www.traid.org.uk)

Ethical Consumer
(www.ethicalconsumer.org)

TRANSPORTE

Transporte Sostenible
(www.transportesostenible.com)

Promoció del Transport Públic
(www.transportpublic.org)

Cyclists' Touring Club (www.ctc.org.uk)

Sustainable Travel International
(www.sustainabletravel.org)

Sustrans (www.sustrans.org.uk)

Transport 2000
(www.transport2000.org.uk)

RESIDUOS

Waste Resources Action Plan
(www.wrap.org.uk)

Wastewatch (www.wastewatch.org.uk)

PLÁSTICO

Marine Conservation Society
(www.mcsuk.org)

Sea Shepherd (www.seashepherd.org.uk)

Ocean Conservancy
(www.oceanconservancy.org)

The 2 Minute Foundation (www.2minute.org)

Surfers Against Sewage (www.sas.org.uk)

Plastic Soup Foundation
(www.plasticsoupfoundation.org)

Refill (www.refill.org.uk)